A palavra do contador de histórias

Gislayne Avelar Matos

A PALAVRA DO CONTADOR DE HISTÓRIAS

SÃO PAULO 2020

Copyright © 2005, Livraria Martins Fontes Editora Ltda.,
São Paulo, para a presente edição.

1ª edição 2005
2ª edição 2014
2ª tiragem 2020

Acompanhamento editorial
Helena Guimarães Bittencourt
Preparação do original
Renato da Rocha Carlos
Revisões
Alessandra Miranda de Sá
Maria Fernanda Alvares
Dinarte Zorzanelli da Silva
Produção gráfica
Geraldo Alves
Paginação
Moacir Katsumi Matsusaki

Dados Internacionais de Catalogação na Publicação (CIP)
(Câmara Brasileira do Livro, SP, Brasil)

Matos, Gislayne Avelar
  A palavra do contador de histórias : sua dimensão educativa na contemporaneidade / Gislayne Avelar Matos. 2. ed. – São Paulo : Editora WMF Martins Fontes, 2014.

  Bibliografia
  ISBN 978-85-7827-810-6

  1. Arte de contar histórias 2. Contadores de histórias 3. Interpretação oral 4. Pedagogia I. Título.

14-00624   CDD-371-39

Índices para catálogo sistemático:
1. Contadores de histórias : Pedagogia : Educação   371-39

Todos os direitos desta edição reservados à
Editora WMF Martins Fontes Ltda.
Rua Prof. Laerte Ramos de Carvalho, 133 01325-030 São Paulo SP Brasil
Tel. (11) 3293-8150 e-mail: info@wmfmartinsfontes.com.br
http://www.wmfmartinsfontes.com.br

*À minha mãe Reparata
e ao meu filho Guilherme,
sempre tão atentos, tão solidários.
Com a retaguarda carinhosa, fazem com
que tudo sempre se torne possível.*

Agradecimento especial

*A Aparecida Paiva, que como orientadora
me ensinou, com seu jeito de me conduzir,
o que é ser um mestre de verdade em Educação.*

ÍNDICE

Agradecimentos IX
Prefácio XI
Introdução XVII

Capítulo I
A palavra poética dos contadores de histórias.... 1
   1. Uma palavra viva, mutante e angulosa 3
   2. O primeiro ângulo: a Palavra revelada 5
   3. O segundo ângulo: a Palavra tecida 17

Capítulo II
A palavra que cria: poética dos contadores de histórias 53
   1. O *savoir faire* 57
   2. O *savoir dire* 69
   3. O *savoir être* 79

Capítulo III
Contadores de histórias, essa "gente das maravilhas" 87

1. O *habitat* natural do contador de histórias 91
2. Um hiato no tempo das palavras encantadas 96
3. Os novos contadores de histórias e a velha arte de encantar 100

CAPÍTULO IV
QUAL EDUCAÇÃO? 131
1. As manifestações da "palavra" dos contadores de histórias nas escolas e nas instituições de educação não-formal.. 134
2. A palavra que se ouve e a palavra que se vê 151
3. A educação do filho do homem 162

CONSIDERAÇÕES FINAIS
UM ANTIGO TEAR PARA TECER COM NOVOS FIOS 175

ANEXOS 185
REFERÊNCIAS BIBLIOGRÁFICAS 195

Agradecimentos

De um jeito ou de outro, muitas pessoas participaram deste trabalho. A todas elas, minha mais sincera gratidão:

Omar Ali Shah, mestre sufi contemporâneo, que "contando histórias" tem me ensinado o caminho para o meu próprio coração; Márcio Sá, presente em tantas situações, e desta vez sempre pronto a me enviar, da França, todos os livros de que necessitei. Foi um dos meus mecenas; Aimée Guillard e Miriam Gutfillen, que me apresentaram e me supriram com a obra de Amadou Hampâté Bâ; Benoît Leman, que me abriu as portas da Association Interférences Culturelles e me introduziu no mundo dos contadores de histórias contemporâneos; doutor Francisco Marinho, que soube limpar de minhas memórias as palavras que impediam minha pena de deslizar; as colegas da empreitada acadêmica, hoje amigas tão queridas: Zezé, Dani, Tany, Cris, Ana Lúcia, Letícia. Ao compartilharem os mesmos momentos de euforia, deslumbramento, aflição e prazerosas reflexões, não deixaram que eu me sentisse só nessa trajetória; meus colegas de ofício, os contadores de histórias: Roberto Carlos Ramos, Roberto de Freitas, Rosana Montalverne e Walkíria Angélica. Sem sua colaboração tão gentil, este trabalho não teria sido o mesmo; minhas amigas de longa data: "as comadres...", que não economizaram nas palavras encorajadoras e na solidariedade explícita. Estavam dispostas a fazer qualquer coisa que pudessem para me ajudar, quando eu as assombrava com minhas olheiras dissertativas; os professores e o pessoal da secretaria da pós-graduação, sempre tão solícitos e atentos às nossas necessidades; Hércoles e Hércules. O primeiro, o amigo, sempre rezando para que tudo desse certo. O segundo, o da revisão do meu texto, que teve de enfrentar um ataque maciço de vírgulas, pontos, ponto-e-vírgulas, hifens, travessões, todos sistematicamente fora de lugar; meus alunos mais próximos, que se tornaram os novos amigos. Na verdade são tantos que não teria como nomear todos. Fizeram uma espécie de torcida organizada, enviando ondas de estímulo por pensamento positivo, *e-mails*, telefonemas e figas.

Prefácio

Com este livro nas mãos, o leitor está diante de um duplo privilégio: um tema original e uma autora excepcional.

O primeiro privilégio, o tema: o leitor encontra uma obra inaugural, pois não há ainda, na bibliografia brasileira – pode-se afirmar sem medo de errar –, outra autora que tenha tomado como tema o surpreendente fenômeno atual do ressurgimento dos contadores de histórias. Surpreendente porque, no mundo grafocêntrico em que vive hoje a quase totalidade das sociedades, suscita estranheza a volta da narrativa oral e, conseqüentemente, da figura do contador, ela e ele considerados, até recentemente, temas da história e da antropologia, porque peculiares ou a culturas anteriores à invenção da escrita, de um distante passado, ou a restritos grupos rurais que, neste presente fortemente marcado pela escrita, preservam uma interação ainda predominantemente oral.

O segundo privilégio, a autora: sendo ela mesma uma contadora de histórias, tem a rara competência de tratar do tema *de dentro* e *de fora* ao mesmo tempo. *De dentro* porque o analisa com "o saber de experiências feito"; *de fora* porque, tomando por objeto um mundo de que faz parte, revela esta difícil capacidade de romper com a experiência pessoal sem negá-la, e construir conhecimento sobre este mundo de que faz parte, vencendo de forma admirável a dificuldade de uma relação com o objeto simultaneamente de familiaridade e de estranheza, em um movimento pendular entre proximidade e afastamento.

Como resultado desses dois privilégios com que o leitor é presenteado, tem-se um estudo de admirável consistência e lucidez sobre o retorno ao mundo atual dos contadores de histórias. Consistência porque a autora busca, em obras de antropólogos, historiadores, estudiosos das tradições orais, a gênese e os pressupostos teóricos da narrativa oral e de seus contadores, resenhando e articulando coerentemente teorias e dados empíricos; lucidez porque a autora capta com admirável acuidade a renovada face que adquirem hoje os contadores de histórias e suas narrativas, esclarecendo o paradoxo, apenas aparente, do ressurgimento desse fenômeno em um mundo tão fortemente marcado pela escrita.

Paradoxo apenas aparente, como a leitura deste livro evidenciará, pois deixa de sê-lo se se recuperam as diferentes interfaces que, ao longo da história, vêm relacionando oralidade e escrita, ora distanciando-as, ora aproximando-as, até o momento atual em que fenômenos recentes, entre os quais se insere o retorno da narrativa oral e dos contadores de histórias, transformam o que vinha sendo *co-existência* entre o oral e o escrito em *con-vivência*: hoje, voz e escrita começam não apenas a existir paralelamente – *co-existir* –, mas a viver em companhia – *con-viver* –, como este livro evidencia, em sua profunda e extensa análise da palavra dos contadores de histórias.

A partir do momento longínquo (cinco, seis mil anos atrás?) em que a voz se tornou *visível* – por pictogramas, ideogramas, letras, em plaquetas de barro, na pedra, em papiro, em pergaminho, em papel –, a invenção que daí resultou, a escrita, veio progressivamente ganhando prestígio e superioridade sobre a oralidade. No mundo moderno e contemporâneo, só ela tem sido considerada repositório legítimo da memória e do conhecimento, só a ela se tem atribuído confiabilidade, permanência, independência do contexto de enunciação, responsabilidade autoral, enquanto à oralidade se atribui impermanência, irreversibilidade, subordinação ao contexto de enunciação, diluição de autoria. Como conseqüência, escrita e oralidade historicamente têm *co-existido*, radicalmente diferenciadas e dicotomizadas.

O que o momento atual vem trazendo é a desmistificação dessa diferenciação e dicotomia entre escrita e oralidade, a primeira valorizada em detrimento da segunda; desmistificação que decorre, por um lado, da demonstração, que a lingüística vem oferecendo, de que são formas de uso da língua que não se opõem, mas, ao contrário, se distribuem em um *continuum*; por outro lado, desmistificação que decorre – e aqui é o que sobretudo nos interessa – do reconhecimento da natureza positiva de características da oralidade que vinham sendo apontadas como "deficiências" em relação às "qualidades" da escrita.

Nesse processo, têm papel central e essencial os contadores de histórias, que recuperam as esquecidas "eficiências" da narrativa oral. A irreversibilidade de que se vinha "acusando" a fala – o argumento de que ao escrito se pode sempre retornar, enquanto a fala é efêmera – faz-se qualidade na palavra dos contadores de histórias, porque se traduz em originalidade, em contraposição à fixidez da escrita – "cada vez que eu conto uma história eu conto de maneira diferente", diz um dos entrevistados da autora, citado neste livro: por ser irreversível, a palavra-voz é sempre nova; à subordinação ao contexto de enunciação, de que também se vinha "acusando" a fala, contrapõe-se, na palavra dos contadores de histórias, o enriquecimento dos efeitos de sentido que resultam da possibilidade de participação do espectador, fruto de sua interação face a face com o contador, da *performance* deste, seus gestos, seu olhar, sua expressão corporal... características da interação oral que a escrita apaga; a diluição da autoria, que caracteriza a oralidade em oposição à escrita, se torna também qualidade, reconhecido o valor de uma autoria coletiva que incorpora o espectador à narrativa, tornando-o partícipe dela e um potencial autor de uma outra versão dela. Assim, recuperam-se as esquecidas qualidades da palavra-voz, posta agora em pé de igualdade com a palavra-letra: entre oralidade e escrita vem se afirmando a *con-vivência*, não apenas a mera *co-existência*, ressalte-se novamente.

Este novo estatuto da oralidade que os contadores de histórias atuais vêm construindo fica evidente na análise que deles é feita neste livro. Interessante é que o presencial, o efêmero, o mutante, a imersão do espectador na mensagem que lhe é dirigida, características da narrativa oral mediada pelo contador de histórias, revelam-se também em outras formas de interação emergentes no mundo atual: na nova forma de escrita que é o hipertexto, também ele impermanente, irreversível, efêmero, de autoria coletiva, incorporando o leitor no processo de produção textual; na TV interativa; no museu interativo; nas *instalações*, no campo das artes plásticas, em que o espectador se integra ao espaço criado, dele participa e nele interfere; nas tecnologias que permitem a imersão em realidades virtuais; no cinema em três dimensões...

Nessa perspectiva, este livro é muito mais que uma obra de uma autora excepcional sobre um tema original – retomo e amplio o duplo privilégio anunciado no início deste Prefácio: este livro se insere em um novo e rico movimento que recupera o valor da voz – da palavra mutante, da interação presencial, mais emocional que propriamente conceptual, da multiplicidade enunciativa, da imersão do espectador no texto-som, no texto-imagem, permitindo afirmar, porque é o que revela e comprova *com* e *pela* palavra dos contadores de histórias, que, na área da interação entre as pessoas, estamos finalmente entrando na era em que escrita e oralidade se igualam, reconhecidas as peculiaridades e qualidades de cada uma, negadas a competição entre elas e a pretensa superioridade da palavra visível sobre a palavra-som.

Magda Soares
dezembro de 2004

Introdução

> *"Eu vos passo a história como um velho me contou. Eu não posso jurar que seja verdade, mas vocês sabem tanto quanto eu que nada se parece tanto com a mentira quanto a verdade."*[1]

A volta dos contadores de histórias

Em torno dos anos 1970, vários países foram surpreendidos por um fenômeno urbano, no mínimo curioso, numa sociedade essencialmente tecnológica: a volta dos contadores de histórias. Em fevereiro de 1989, um colóquio internacional foi realizado no Musée National des Arts et Traditions Populaires, de Paris, sob a iniciativa da Direction Régionale des Affaires d'Île de France (DRAC), da Association l'Âge d'Or de France e do próprio Museu. Trezentos e cinqüenta participantes representaram catorze países.

O objetivo do colóquio foi avaliar o impacto social e cultural da volta dos contadores de histórias nos países em que esse fenômeno se manifestara com maior vigor. Geneviève Calame-Griaule, presidente e diretora de pesquisa do

---

[1] As epígrafes que introduzem os capítulos e subtítulos são fórmulas encantatórias de abertura ou finalização de contos da tradição oral de diversas culturas.

Centre National de la Recherche Scientifique (CNRS), disse a respeito do colóquio, na introdução do livro *Le renouveau du conte*:

> É tempo de chamar a atenção dos pesquisadores especialistas no conto sobre esse retorno à oralidade que responde a uma necessidade profunda de nossas sociedades. Enfim, é tempo de perguntar aos próprios contadores o que eles têm a dizer sobre o conto e o contador[2] (2001: 12).

Solicitados a expor sobre o início desse movimento em seus países, contadores e especialistas deram depoimentos interessantes. Entre eles, o do inglês Ben Haggerty e o do canadense Dan Yashinsky.

Haggerty observou que foi a Inglaterra — uma das primeiras sociedades a industrializar-se — quem primeiro testemunhou o fenômeno na Europa. Nesse país, com os efeitos da industrialização e da urbanização, que destruíram a tradição oral, não há classe camponesa e há poucos contos tradicionais. O fato de os contadores terem reaparecido no meio urbano, tanto ali como em outros países industrializados, "é uma reação à tecnologia e a tudo o mais que a acompanha" (Haggerty, 2001: 64-6).

Foi uma contadora afegã, Amina Shah, radicada em Londres, quem ali começou, no início da década de 1970, a reunir pessoas em torno de um chá das cinco, regado a histórias da tradição oral de seu país e de todo o Oriente[3]. Ao mesmo tempo, um grupo amador, o Collège de Storytellers, fundado em torno das idéias sufis de Idries Shah, começava a contar histórias nos *pubs*, nos cafés. "Foi a comprovação de que era possível encontrar adultos que queriam escutar his-

---

[2] As traduções dos originais franceses são da autora.
[3] Conforme comunicação pessoal de Inno Sorsy, contadora de histórias de origem africana, também radicada em Londres.

tórias (...) Em 1985, houve um primeiro festival em Londres (...) o surpreendente é que no primeiro dia, já com a lotação esgotada, uma verdadeira multidão ainda se batia pelos ingressos" (Haggerty, 2001: 65).

Com relação ao Canadá, relata Yashinsky:

> Eu comecei a contar num pequeno café (...) as pessoas vinham e diziam conhecer os contos. Assim, começamos a compartilhar os contos de maneira informal, como antigamente, mas agora no meio urbano. Depois de onze anos, isso continua, toda sexta-feira. Chama-se: "Les mille et un vendredi – soirées de contes" (...) Depois de um ano (...) nós fizemos um festival (...) Após o festival fizemos uma escola (2001: 69).

Na França, também na década de 1970, Henri Gougaud, um estudante de letras modernas de Toulouse, apaixonado pelo folclore e compilador de lendas de todo o mundo, foi um precursor, instituindo na rádio TSF quinze minutos diários dedicados aos contos.

Nessa mesma época, as associações de contadores de histórias floresceram em todo o mundo. Apenas nos Estados Unidos apareceram quarenta, segundo a revista francesa *Enfant d'abord* (n°. 152, nov.-dez. 1991).

Na França, primeiro país em que tomei contato com esse movimento, nos anos 1980, contos e contadores mostravam seu vigor em diversas formas de manifestação. Espetáculos semanais de contadores de histórias eram oferecidos a um público cada vez maior e mais interessado; reedições e novas publicações sobre o tema apareciam com freqüência nas livrarias; festivais regionais e internacionais de contadores de histórias eram realizados em várias cidades; oficinas de formação e de aperfeiçoamento destinadas a contadores de histórias proliferavam, e a publicação de duas revistas especializadas: a *Ouïrdire,* Bulletin du collectif – contes des bibliothèques municipales de Grenoble, fundada em 1981, e a *Dire*, editada a partir de 1987 pela Association pour la Promotion de la Culture Orale e publicada pelo Centre National de Lettres – Paris, eram a confirmação de que os contadores de histórias tinham vindo para ficar.

No Brasil, cuja "heterogeneidade das circunstâncias socioculturais (...) é um exemplo vivo de uma realidade que se desloca na tensão constante entre o moderno, o pós-moderno e o arcaico" (Souza, 1996: 198), reconhecemos que, nos rincões profundos, onde a oralidade continua sendo o principal veículo de transmissão de conhecimentos, o conto e os contadores não chegaram a desaparecer por completo.

No entanto, nos grandes centros urbanos, onde o contador de histórias parecia ter deixado a cena definitivamente, podemos identificar, por volta dos anos 1990, o seu reaparecimento. Nessa época, em Belo Horizonte – local de realização da pesquisa que deu origem a este livro –, os primeiros contadores, isoladamente ou em grupos formados, inicialmente, pela ou através da Biblioteca Pública Infantil e Juvenil, começaram a ficar conhecidos pela comunidade, por meio de suas apresentações realizadas com sucesso, em vários locais da cidade.

Também um Festival de Contadores de Histórias, "Os melhores contadores de histórias", com a primeira edição em 1992, promovido pela Biblioteca Pública Infantil e Juvenil, passou a ter lugar, uma vez por ano, com um número crescente de concorrentes.

Os projetos Convivendo com Arte e Noite de Contos, idealizados por mim e pela psicóloga Cecília Caram, vieram somar-se a esses movimentos já em curso pela cidade.

O Convivendo com Arte, cujo objetivo é formar novos contadores, completa onze anos e vem confirmar o grande interesse de um público diversificado: professores, profissionais de empresas, avós, estudantes universitários, médicos, psicólogos, assistentes sociais etc., em participar de suas oficinas.

O projeto Noite de Contos, pretendendo divulgar os contos da tradição oral, promoveu com grande sucesso no período de 1994 a 2000, apresentações mensais de contos. Inicialmente elas aconteceram na Sala Juvenal Dias, do Palácio das Artes, com incursões no Teatro da Cidade e no Teatro da Maçonaria.

Hoje, as apresentações dos contadores fazem parte do roteiro de espetáculos da cidade.

MEU INTERESSE PELOS CONTADORES DE HISTÓRIAS[4]

> *"Pássaros de mesma plumagem se juntam em bando."*

O grande interesse que o movimento dos contadores de histórias vem despertando motivou-me a uma investigação teórica sobre a dimensão educativa de sua palavra na contemporaneidade por duas razões.

A primeira advém do fato de eu mesma ter crescido numa família e numa comunidade em que a prática da narrativa oral era comum e incluía desde os casos memoráveis de membros da família e de pessoas da comunidade, os relatos de viagem daqueles que se aventuravam além das fronteiras da fazenda – momento de descontração, riso e comentários de todos os tipos por parte dos ouvintes – até a contação das histórias de encantamento e de assombração – quando a atmosfera se transformava em grave e solene, e o silêncio somente era quebrado pela voz do contador que sabia imitar, com maestria, os sons da floresta, a voz de cada

---

[4] Nesta Introdução e nas Considerações finais, será utilizada a primeira pessoa do singular em situações nas quais o uso da primeira pessoa do plural possa soar artificial.

um dos personagens, os gemidos do outro mundo. Esses serões, além de fonte inesgotável de prazer, eram um recurso educativo por excelência, tanto para as crianças quanto para os adultos, por propiciarem a reflexão sobre as relações e a ética.

A narração exprime uma extensão do campo da prática e impõe-se como laboratório do julgamento moral. A narratividade serve de propedêutica à ética. Na cintura irreal da ficção, estamos sempre a explorar novas maneiras de avaliar ações e personagens. As experiências de pensamento que orientamos no grande laboratório do imaginário são também explorações realizadas no reino do bem e do mal. Transavaliar ou desavaliar é também avaliar (Mongin, 1997: 164).

O contador de histórias repetia infinitas vezes os mesmos contos a pedido de seus ouvintes, que sempre os recebiam com o mesmo prazer e com a mesma atenção. Era como regressar a um lugar aprazível. Uma viagem a um tempo fora do tempo, mas inteiramente atual. "O primeiro paradoxo do conto", diz Jacqueline Held, "é sua eternidade e sua atualidade; quer ele inicie ou não pelo tradicional, simpático e sempre divertido 'era uma vez', o conto abole o tempo e parece nos colocar numa espécie de atemporal" (1979: 359).

Essa educação servia à vida. Por meio dela aprendia-se como abrir as portas para o afeto, para o trabalho, para as relações. Aprendia-se como viver bem na comunidade e como morrer bem, deixando na memória dos vivos a lembrança das nossas ações. A propósito disso, meu avô, primeiro contador de histórias da minha infância, costumava nos ensinar com seus contos que "um homem morre como viveu e ressuscita como morreu".

A segunda razão do meu interesse pela pesquisa sobre o movimento dos contadores de histórias deve-se ao fato de, hoje, eu mesma ser uma contadora de histórias. Nessa condição, deparo com o mesmo sentimento e com a mesma atmosfera de unidade que experimentei na infância, quando as pessoas se reuniam em torno da "palavra" do contador.

Intriga-me observar que, apesar de todos os avanços científicos e tecnológicos, isso ainda seja possível. Algo na natureza humana, com raízes bem plantadas num mundo mágico e encantado, parece guardar-se intocável.

Ainda na França, trabalhei como produtora de eventos na Association Interférences Culturelles, cujo objetivo era possibilitar ao grande público o contato com diversas culturas e tradições, por meio de seus contos, seu cinema, sua literatura e sua culinária. Isso me favoreceu o conhecimento e, em alguns casos, a convivência estreita com contadores de histórias de diversas partes do mundo. Houve uma troca rica que contribuiu para que eu conhecesse de perto a motivação desses contadores em torno de sua prática. Observei que uma característica recorrente entre eles, independentemente de sua origem, é a enorme vontade de reencantar o mundo com sua "palavra". Convertendo em imagens seus discursos e em poesia os conceitos, pretendem tornar o mundo contemporâneo viável.

> Ficção e poesia visam ao ser, mas não mais sob o modo do ser-dado, e sim sob a maneira do poder ser. Sendo assim, a realidade cotidiana se metamorfoseia em favor daquilo que poderíamos chamar de variações imaginativas que a literatura [encontramos a mesma relação com a narrativa oral do conto] opera sobre o real.[5]

Posso afirmar que muito da minha formação moral e ética e muito do meu desenvolvimento intelectual – que re-

---

[5] RICOEUR, P. "La métaphore et le problème central de l'herméneutique". *Revue Philosophique de Louvain*, n.º 70, 1972, pp. 93-112, citado por JAPIASSU, Hilton (org.), 1977.

conheço estreitamente ligado à estimulação da faculdade imaginativa – vêm da minha experiência de infância como ouvinte atenta de contadores de histórias.

Mas foi preciso mudar de continente, ir longe de minhas origens geográficas, para redescobrir a importância que eles tiveram na minha vida. Só então, identificando-me com eles, reconheci-me "pássaro dessa mesma plumagem" e pude passar do lugar de quem ouvia os contadores para o de quem, "fazendo parte de seu bando", também conta.

Fica assim claro que o meu envolvimento com o objeto de pesquisa deste livro – a "palavra" do contador de histórias – não pode ser de um asséptico distanciamento. Essa "palavra" imprimiu na minha memória cheiros, sabores, silêncios, gargalhadas, que ainda hoje, por muitas vezes, têm a função de guia na minha experiência de existir. O lugar de onde falo é portanto o de quem teceu nas duas extremidades do mesmo fio; o de quem recebeu e de quem oferta uma palavra "encantada".

No entanto, estarei atenta para não enredar-me nos juízos de valor que uma experiência tão íntima com o objeto poderia favorecer. Isso em nada contribuiria para um entendimento mais amplo desse objeto. Mas essa disciplina não despreza as percepções amadurecidas nesse receber e ofertar. Espero que, confrontadas num diálogo com teóricos e outros contadores, tais percepções possam contribuir para uma reflexão que deixe em aberto os caminhos para vários desdobramentos – assim como os contos, que, abordando uma mesma situação por vários ângulos, evitam prescrever verdades acabadas e, procedendo desse modo, fazem a profilaxia de um pensamento reativo, automatizado, irreflexivo.

A PALAVRA DO CONTADOR DE HISTÓRIAS

"Que meu conto seja belo e que se desenrole como um longo fio."

O contador de histórias

Para definir quem seria o contador de histórias, sujeito deste livro, apoiamo-nos nos ensaios "O narrador" e "Experiência e pobreza"[6], de Walter Benjamin, e nas características do contador tradicional apontadas por Amadou Hampâté Bâ[7].

A escolha de um teórico de tanta expressividade como Benjamin e de um grande mestre no "clã dos contadores", como é o caso de Hampâté Bâ, não foi aleatória.

Uma questão que preocupou Walter Benjamin intensamente, segundo Gagnebin, foi: "O que é contar uma história? (...) serve isso para alguma coisa e, se for o caso, para quê? Por que essa necessidade, mas também tantas vezes essa incapacidade de contar?" (Gagnebin, 1999: 2).

No caso de Hampâté Bâ, bastaria repetir as palavras de Calame-Griaule, citadas antes: "É tempo de perguntar aos próprios contadores o que eles têm a dizer sobre o conto e o contador."

Mas a razão para buscar sua interlocução apóia-se no fato de que, sendo ele um "filho legítimo" da tradição oral, "um diplomado da Grande Universidade da Palavra ensinada à sombra dos baobás", como costumava dizer, é uma autoridade das mais respeitáveis no assunto.

---

[6] Para este trabalho, consultei a edição francesa "Expérience et pauvreté". In: *Oeuvres II*, 2000.

[7] Fazemos uma apresentação de Amadou Hampâté Bâ no Anexo A deste livro; no Anexo B, relacionamos os contadores estrangeiros com seus países de origem e cidade onde contam; e apresentamos a ficha técnica de nossos colaboradores no Anexo C.

Passando ao perfil do nosso contador de histórias, o ponto de partida, para defini-lo (e item suficiente para sua apresentação nesta introdução), foi seu repertório.

Tanto quanto para o narrador de Benjamin, o conto do nosso contador é o conto de fadas[8], ou o conto maravilhoso. A propósito do conto de fadas, esclarece Benjamin:

> O conto de fadas dá-nos notícia dos ritos mais antigos que a humanidade instituiu para espantar o pesadelo que o mito depositara no seu peito. Mostra-nos, na figura do bobo, como a humanidade se faz de boba diante do mito; mostra-nos na figura do irmão mais moço como aumentam suas chances com a distância em relação ao tempo mítico primitivo; mostra-nos na figura daquele que parte para aprender o temor que as coisas de que temos medo são transparentes; mostra-nos na figura do inteligente que as perguntas que o mito faz são simplórias, a pergunta da esfinge; mostra-nos na figura dos animais a criança do conto de fadas, que a natureza não está obrigada apenas em relação ao mito, mas prefere reunir-se em torno do homem. O mais aconselhável – assim o conto de fadas ensinou há tempos, à humanidade, e ainda hoje ensina às crianças – é enfrentar os poderes do mundo mítico com astúcia e superioridade (1983: 70).

Para Hampâté Bâ, mais abrangente que Benjamin, em relação ao repertório da tradição oral:

> Os mitos, contos, lendas (...) freqüentemente constituem para os sábios dos tempos antigos um meio de transmitir, ao

---

[8] Contos de fadas, define Simonsen, "é uma designação francesa para contos maravilhosos. Um nome impróprio porque demasiado restrito, já que raramente se trata de fadas. Os contos maravilhosos, de estrutura complexa, comportam elementos sobrenaturais, originalmente não-cristãos (encantadores, metamorfoses, objetos mágicos etc.). Os contos maravilhosos, aos quais se tende às vezes a incorporar todos os contos populares, na realidade constituem apenas uma pequena parte do repertório" (1987, p. 7).

longo dos séculos, de uma maneira mais ou menos velada, pela linguagem de imagens, os conhecimentos que, recebidos desde a infância, ficarão gravados na memória profunda do indivíduo, para ressurgirem, talvez, no momento apropriado e iluminados por um novo sentido (...). Eles são a mensagem de ontem, destinada ao amanhã, transmitida no hoje (1994: 248).

Além dos contos maravilhosos, acrescentamos ao repertório do nosso contador as lendas, as fábulas, os mitos, enfim os contos[9] que têm origem na tradição oral. Por contos de tradição oral, entendemos, como Câmara Cascudo (1986), os que se caracterizam pelo anonimato em sua autoria, pelo velho que são na memória dos povos, por terem na palavra falada seu veículo de divulgação e por não conhecerem fronteiras geográficas, culturais ou lingüísticas que os barrem.

Portanto, ainda que nosso contador fizesse incursões em outros gêneros, como o conto literário, importaria que tivesse como eixo principal, em sua prática, o conto de tradição oral.

Quanto ao narrador de Benjamin, vale aqui uma ressalva: no caso dele não há distinção clara entre o que narra oralmente e o que narra pela escrita. No nosso caso, a distinção é clara; trataremos somente do narrador oral e somente a ele chamaremos contador de histórias.

À medida que nosso estudo avançava e com as contribuições de Paul Zumthor sobre a poética do estilo oral, pudemos perceber que, embora o repertório seja uma variável importante na definição do perfil do contador de histórias, a variável principal diz respeito à *performance*, na acepção de Paul Zumthor.

A proposta de uma categorização para diferenciar os contadores de histórias entre si pode ser elaborada a partir de seus repertórios – que podem incluir os vários gêneros da oralidade –, mas um ponto comum entre todos será a *performance*.

---

[9] Os termos *contos* e *histórias* são usados como sinônimos neste livro.

A palavra do contador de histórias

O que chamamos de "palavra" do contador de histórias não é o conto em si, mas o resultado de uma relação muito particular entre contador e conto.

Um conto ganha vida e consistência por intermédio de um indivíduo, ou mais exatamente de uma individualidade que o encarna e o anima. O conto oral é produto da conjunção de uma história ancestral, conhecida, memorizada, e um dizer que o encarna no instante (Mariotti, 2001: 205).

Existe na fala dos contadores de histórias uma constante que é sua "total entrega ao conto". O conto para eles, mais que um texto, é uma mensagem ancestral que alimenta o espírito e deve ser transmitida. O conto é uma palavra viva e o contador, alguém que pode testemunhá-lo, pois foi escolhido por ele.

A esse respeito, Calame-Griaule faz a seguinte observação:

> A todas as questões, os contadores têm respostas que variam segundo sua personalidade, sua cultura, sua origem. Mas uma constatação é marcada como um *leitmotiv*: o conto nos escolhe, ele nos faz um sinal. Como disse Bernadette Bricout: "A relação conto/contador é freqüentemente vivida em termos amorosos; o conto nos escolhe tanto quanto nós o escolhemos. Nós o portamos e ele nos porta." (...) Acrescentamos que, para alguns contadores, de alguma forma, o conto é até mesmo personificado; fala-se dele como de uma individualidade exterior ao contador. Citemos Catherine Zarcate: "O conto é um grande sábio que chegou ao final do caminho. O contador é um louco que faz o que pode, que busca na sua loucura uma maneira de colocar-se a serviço do grande sábio" (2001: 16).

O grande segredo do contador está na perfeita assimilação daquilo que pretende contar. Assimilação, aqui, no sentido de apropriação. Apropriar-se de uma história é processá-la no interior de si mesmo; é deixar-se impregnar de tal forma por ela que todos os sentidos possam ser aguçados e todo o corpo possa naturalmente comunicá-la pelos gestos, expressões faciais e corporais, entonação de voz, ritmo etc. A *performance* do contador é resultante natural desse processo de assimilação que acontece na medida em que ele se coloca a serviço das verdades ancestrais transformadas em contos. Dito de outra forma e parafraseando Hampâté Bâ (1994), ao longo dos dias o conto tradicional tem a virtude de agir como um fermento e um revelador sobre aquele que o carrega dentro de si mesmo.

Nesse enfoque, a "palavra", matéria-prima na arte do contador de histórias, tem um longínquo mas incontestável parentesco (nosso modelo de sociedade dista anos-luz do das sociedades de tradição oral) com a Palavra de poder dos nossos ancestrais, que é revelada, e, como tal, tem uma natureza divina.

Para delinear os contornos dessa natureza, inspirei-me inicialmente nas cosmogonias de alguns povos.

"Em todas as cosmogonias míticas, por mais longe que remontemos em sua história, sempre volvemos a deparar com a posição suprema da Palavra" (Cassirer, 2000: 64). Um exemplo que vale registrar é o do mito da criação dos dogons[10].

Segundo Calame-Griaule (1990: 20), para os dogons a "palavra" tem um poder transformador inquestionável. Ela foi revelada a um dos ancestrais, Binon Séron, primeiro sacerdote totêmico, que a comunicou aos demais. Ela nasce no corpo e é constituída de quatro elementos que são parte também do universo e lhe fornecem a vida (água), o sentido (terra), o calor (fogo) e seu sopro (ar). A natureza das palavras é definida pela dosagem desses elementos. Um excesso de fogo, por exemplo, produzirá palavras de cólera; um

---

[10] Povo que habita as falésias de Bandiagara e uma das etnias africanas mais descritas pelos etnólogos. Descobertos em 1931 pela missão Dakar-Djibouti, dirigida por Marcel Griaule, sua cultura rica e complexa surpreendeu tanto o mundo científico quanto o grande público.

excesso de ar, palavras inconsistentes. Outros ingredientes vêm juntar-se para enriquecê-la: o óleo, que vem do sangue e lhe confere charme e beleza, produzindo a "bela palavra", a palavra literária; a bile, o sal, o mel etc.

A palavra tem também sementes que germinam e proliferam. Uma palavra sem sementes é vazia de sentido, estéril. Classificadas em 48 tipos, elas podem ser boas ou más.

A palavra do conto é a "boa palavra", dizem os dogons, porque lança mão de todos os recursos estéticos e expressivos da língua para cativar os ouvintes e nutri-los, no sentido mais elevado do termo. O caráter enigmático da palavra do conto enriquece sua beleza, pois o enigma é um elemento essencial da expressão poética. A expressão poética está a serviço da mensagem divina e por isso é carregada de sementes.

A propósito da "boa palavra" e de seu poder de transformação na cultura, na história e no ser, Souza define-a como "aquela que promove a transformação do sujeito no sentido pleno de sua emancipação criativa" (Souza, 1996: 201).

O contador de histórias Roberto Carlos Ramos não destoa da sinfonia, ao dizer:

> Eu falo sobre a força da palavra mesmo. Nós somos aquilo que falamos e nos tornamos aquilo que falamos (...) aquilo que a gente fala volta de uma maneira assim impressionante (...) imagina que tem um elástico preso na sua língua e a palavra é uma pedra que você atira, então eu mando (...) levantem bem a boca para cima e falem: flores. Imagina que o elástico vai esticando com toda força na outra ponta. O que vai acontecer quando o elástico chegar no ponto máximo da tensão dele? Ele vai voltar. Ou seja, vai cair um tanto de flores na sua cabeça. Agora falem bosta (...) você imagina o que vai acontecer (...) Então, a palavra tem essa capacidade de construir e de destruir. E a verdade é que nós acreditamos naquilo que queremos também.[11]

[11] As transcrições dos trechos das entrevistas dos contadores de histórias, nossos colaboradores, foram editadas por mim, com o objetivo

Mutatis mutandis, dando o devido desconto pelas diferenças entre o contexto histórico-social do homem tradicional e o do homem contemporâneo, e entre a linguagem acadêmica dos teóricos e a metafórica dos contadores, um ponto de convergência pode ser depreendido de seus discursos: crença para uns, constatação para outros, a palavra, quando carregada de intenção (sementes), é investida da força e do poder para criar e transformar, construir e destruir.

A DIMENSÃO EDUCATIVA DA PALAVRA DO CONTADOR DE HISTÓRIAS NA CONTEMPORANEIDADE

> *"Caminha hoje, caminha amanhã, de tanto caminhar se faz o caminho."*

Os depoimentos que escolhemos citar no início desta introdução fazem referência a dois aspectos que vale a pena ressaltar, no fenômeno da volta dos contadores.

Um deles diz respeito à informalidade, à simplicidade, à idéia do compartilhar, próprias da palavra do contador, que despontam em relação dialética com a sofisticação tecnológica presente em todas as esferas da sociedade, inclusive a cultural. Haggerty identifica isso como uma reação à tecnologia e tudo o mais que a acompanha.

O outro aspecto, abordado por ele e também por Yashinsky, é a localização desse fenômeno: em *meio urbano*. O termo parece estar diretamente associado à contemporaneidade – razão pela qual, ao tratar do contador na contemporaneidade, localizei-o nesse meio.

de tornar a leitura e a compreensão mais ágeis, uma vez que, para os fins deste trabalho, interessa o conteúdo das falas e não a sua forma. No entanto, interferi o mínimo possível na forma.

Ambos os aspectos nos levam a supor que, ao buscar essa palavra (simples, informal, acolhedora e rica em significados), o homem contemporâneo, sobretudo o urbano, dá sinais de necessitar de um relato não-mediado, em que a presença do outro ao "alcance das mãos", um outro que "se dirija a mim, que me olhe, me emocione" (Ong, 1998), torna-se essencial.

O sentimento de unidade que o contador é capaz de propiciar, por meio de sua palavra, talvez esteja funcionando como uma das saídas possíveis desse túnel de individualismo, de isolamento, de indiferença pelo outro e de intolerância com a alteridade próprios da contemporaneidade, que parece minar o reconhecimento do que há de humano numa "comunidade" de humanos: já não nos reconhecemos e entretanto... somos tão semelhantes.

Ong mostra que em seu *habitat* natural – a oralidade – a palavra faz parte de um presente real, existencial, porque falada. E falada a palavra é mais que verbal e pode interferir na situação, modificando as condições que a criaram:

> A enunciação oral é dirigida por um indivíduo real, vivo, a outro indivíduo real, vivo, ou indivíduos reais, vivos, num tempo específico e num cenário real que inclui sempre muito mais do que meras palavras. As palavras faladas constituem sempre modificações de uma situação que é mais do que verbal. Elas nunca ocorrem sozinhas, em um contexto simplesmente de palavras (1998: 117-8).

Partindo desses dois aspectos que envolvem a "palavra" do contador de histórias na contemporaneidade, nossa hipótese foi a de que, nesse cenário de receptividade, em que a "palavra" do contador tem os ventos a seu favor, usá-la considerando sua dimensão educativa seria maximizá-la. Mas é importante saber como fazê-lo; não se pode perder de vista a questão do contexto.

O homem contemporâneo está imerso numa realidade histórico-social totalmente diversa da de seus ancestrais das sociedades de tradição oral. Isso faz com que uma questão se coloque: como essa palavra poderia ser educativa na contemporaneidade?

É evidente nas sociedades de tradição oral a função educativa dos contadores de histórias – Ong utiliza aqui o termo *cultura oral primária*. Nessas sociedades, a palavra oral é o veículo de transmissão de conhecimentos, mas nas sociedades contemporâneas as condições e os veículos de transmissão de saberes são muito diferentes. Nascemos e crescemos na cultura escrita e já somos fortemente influenciados também pela oralidade secundária, que usa dos suportes mecânicos para difusão da voz e da imagem.

Nosso objetivo é, portanto, explorar as possibilidades educativas da "palavra" do contador, sem perder de vista as peculiaridades do contexto atual.

Bibliografia e metodologia

Em relação à bibliografia, observamos que, por tratar-se de um fenômeno relativamente novo, tanto no Brasil quanto no exterior, as pesquisas sobre o tema ainda não são em número significativo e estão muito mais direcionadas para áreas como a literatura, que tem realizado um trabalho importante de coleta de contos; a antropologia, que, junto com a etnologia, tem se interessado pelos aspectos ligados às culturas orais, nas quais os contos têm função de coesão social; a psicologia, que tem buscado as possibilidades terapêuticas dos contos.

Mas em todos esses casos o foco volta-se muito mais para o conto em si – suas funções sociais, terapêuticas, iniciáticas e pedagógicas. Nas áreas das ciências sociais e da educação, o tema ainda é pouco explorado. A esse propósito, e sobre os estudos sociológicos, Calame-Griaule diz o seguinte:

Apesar do interesse e da importância do fenômeno, poucos estudos sociológicos lhe foram consagrados. No que concerne à França, se as revistas especializadas publicam sobretudo as apresentações e as entrevistas dos contadores, o balanço das manifestações e dos textos de contos, o artigo de Veronika Görög (1982), se bem que relativamente antigo, continua sendo a única tentativa de análise das causas e das tendências do que chamamos, talvez um pouco abusivamente, um "movimento" (1991: 11).

No que tange à educação, já se pode notar não apenas em outros países, mas também no Brasil, a tendência a incorporar à educação escolar os contos de tradição oral.

Segundo Fares e Neves (1999), a defesa da retomada de uma atitude oral cotidiana na didática da sala de aula de hoje, a contação das lendas, já se faz presente como conseqüência da necessidade de uma forma de transmissão de conhecimento que o passado histórico nos proporcionou. Dizer um texto em voz alta é, de certo modo, a recuperação da técnica que os aedos, jograis e menestréis nos lograram.

Ao escolher a metodologia, esse fato contribuiu para que optássemos pela história oral de vida dos contadores. Assim, colhemos os depoimentos sobre suas trajetórias de vida, contemplando aspectos profissionais e de formação como contadores. Conforme sugere Meihy, "como método, a história oral pode contribuir para preencher lacunas de informações e complementar ou articular o diálogo com outras fontes. Além disso, a análise das narrativas colhidas pode revelar aspectos não levantados na documentação escrita" (1996: 26-7).

Por outro lado, a própria natureza do objeto apontou para a história oral de vida. O que nos interessa é a experiência dos contadores: sua trajetória pessoal, os caminhos que o levaram ao conto como *métier*, o lugar do conto em sua vida etc.

Escolhida a metodologia e definida a colônia – "Contadores de histórias da tradição oral" –, passamos à definição dos parâmetros para seleção dos entrevistados. Convidaríamos dois homens e duas mulheres. Investigaríamos as possíveis diferenças entre os contadores e as contadoras, no que se refere ao repertório, à preparação do conto, ao tipo de público, à *performance* e à compreensão a respeito da "palavra" do(a) contador(a) e sua possível dimensão educativa:

> Uma das diferenças que se devem levar em conta é se a narrativa é masculina ou feminina. Como a linguagem é sexualizada e a cultura que circunscreve os contextos sociais marca as experiências, é preciso notar as questões de gênero organizando as visões de mundo, exibindo soluções narrativas diferentes (Meihy, 1996: 59-60).

Outros parâmetros seriam a legitimidade como contadores de histórias, conferida pelo reconhecimento público, o tempo de atuação, a diversidade dos espaços de sua atuação, a promoção ou divulgação de sua arte por meio de oficinas de formação e produção de eventos.

Outra variável que nos pareceu relevante na seleção dos sujeitos para pesquisa, já que estaríamos focando o contador no meio urbano, foi sua "formação" como contador. Nesse caso nos interessou que, entre os quatro, dois tivessem passado por oficinas de formação para contadores.

Diferente do contador das sociedades de tradição oral, naturalmente "formado" no seu grupo pelas histórias que ele escutava e cujos ensinamentos seguia na sua vida antes de passar à frente em suas narrativas (Benjamin, 1983), o contador contemporâneo muitas vezes se "forma" em oficinas ou ateliês para contadores.

Tendo eu mesma participado de ateliês desse tipo, tanto como participante quanto como animadora, pude constatar o esforço que para os novos contadores pode requerer a "arte da palavra" em seu caminho de busca da simplicidade perdida, da espontaneidade ingênua, dos gestos sem afetação, bem próprios dos contadores das sociedades de tradição oral.

A respeito da projeção de um filme sobre um contador tuaregue, Muriel Bloch observa que a serenidade demonstrada evidencia como a gestualidade e a palavra estão em harmonia: "Não há uma palavra a mais. Sente-se que o relato é justo porque a gestualidade é justa." E, relatando sua experiência nos ateliês de contadores que anima, ela diz: "No início observa-se justamente que há muitos gestos para uma palavra que vai rápida demais, e freqüentemente os gestos atropelam o relato. Pouco a pouco, começa a se estabelecer um equilíbrio entre a gestualidade e a palavra" (2001: 161).

"A mudança no contexto da situação narrativa – a necessidade de teatralização quando se é artificial, a dificuldade de ser simples da nossa sociedade" (Benjamin, 1983: 62) – transformou em árdua a tarefa dos contadores urbanos da atualidade, habituados às *performances* do espetáculo cada vez mais sofisticadas e distanciadas das próprias experiências.

Lembrando o narrador de antigamente, Benjamin conclui: "O narrador colhe o que narra na experiência própria ou relatada. E transforma isso outra vez em experiência dos que ouvem sua história" (1983: 60).

Segundo Jean Pierre Klein, é necessário muito trabalho de ateliê, trabalho sobre si mesmo, sobre a relação com os próprios mitos, as próprias loucuras ou os monstros íntimos para fazer um verdadeiro trabalho de reapropriação dos contos. Mas essa reapropriação só pode se dar por meio da descoberta de sua própria versão original de um conto. É dessa forma que se pode tocar o fundo desse relato que vem de longe.

Para tanto, afirma Jean Bourdin, é necessário se desembaraçar do texto escrito, e sobretudo escapar dessa espécie de vertigem da decoreba, que têm as pessoas da civilização escrita. A experiência da escrita tira nossa espontaneidade (Klein e Bourdin, 2001: 197).

Rosana Montalverne, que redescobriu os contos numa oficina para contadores em Ouro Preto, e por meio deles novas possibilidades para sua vida, relata: "A partir da oficina com vocês, eu aprendi muitas técnicas legais e muita coisa que até hoje para mim são sagradas. A partir da oficina eu voltei para Belo Horizonte muito melhor (...) depois disso eu fiz oficinas de voz, preparação vocal..."

Walkíria Angélica, que lia contos para seus alunos, também passou por uma oficina de contos e foi a partir daí que pôde desvencilhar-se do livro:

> (...) eu tinha histórias mas não tinha segurança de contar sem ler, então eu usava o livro como recurso para mostrar imagens (...) eu já tinha me apropriado da história, eu não precisava do livro, mas eu gostava de estar com o livro na mão, o livro sempre foi um instrumento de segurança para mim. (...) Então as coisas foram se encaixando (...) terapia, oficina de contos, aí eu descobri o que é contar histórias, o que eu estava fazendo, e para mim foi mágico (...) Foi aí que eu comecei a entender a riqueza do trabalho que eu estava fazendo e a seriedade dele, porque as pessoas falavam: Nossa, vem contar aqui.

Outra descoberta que me parece essencial, mencionada por Susana Azquinezer (2001: 193-5), é que as pessoas que se diziam sem memória e incapazes de se separar do texto, ao final de alguns dias, numa oficina, contam não como está no livro mas buscando em si mesmas a forma de contar, buscando sua própria palavra. Essa é a descoberta do contador.

As oficinas são uma possibilidade contemporânea de "formação" de contadores de histórias. São um espaço de experimentação de si mesmo. Ali, conhecer os próprios limites e potencialidades tem por objetivo o trabalho da própria evolução no processo criador em torno da palavra oral.

Os certos e errados e as avaliações, como num curso escolar, não fazem parte desse contexto de aprendizagem, que diz respeito antes de tudo ao autoconhecimento. O que trava a espontaneidade, as formas possíveis para expressar os sentimentos e as emoções, como tirar proveito das próprias experiências de vida, colocando-as a serviço da "palavra" contadora, são o verdadeiro conteúdo nessas oficinas.

Para a realização da entrevista, foi definido um roteiro, dividido em quatro partes:

• Trajetória como contador
• A "palavra" do contador
• *Performance*
• Dimensão educativa da "palavra" do contador

Foi acertado, com cada um dos participantes, o melhor dia e horário para realizar a entrevista. Previmos em torno de duas horas para o primeiro encontro. Se fosse necessário, marcaríamos outros. No dia da entrevista, e antes de dar início à gravação, eles foram informados dos tópicos a serem tratados. Iniciada a gravação, estariam à vontade para começar por onde preferissem. Todos escolheram iniciar pelas reminiscências da infância, o que parece lógico. Mas em seguida a ordem de abordagem dos temas começou a variar de um contador a outro.

Embora, anteriormente ao trabalho de campo, já houvesse um projeto de pesquisa esboçado, foi a partir das entrevistas que ele realmente pôde ser definido.

A bagagem de cada um dos contadores entrevistados nos deu um foco de visão preciso e ampliou nossa compreensão das possibilidades de abordar nosso objeto.

Roberto Carlos Ramos levantou a questão da diferenciação entre os vários artistas da palavra. Roberto de Freitas, a questão das culturas oral e escrita e sua relação com a arte dos contadores. Walkíria Angélica, com experiência no ensino fundamental, expôs os equívocos que podem ocorrer em relação às possibilidades educativas da "palavra" do contador no contexto escolar. Rosana Montalverne, como produtora de eventos de contos e contadora, deu seu testemunho sobre as preferências do público quanto aos tipos de contadores.

As entrevistas aconteceram num clima de insuspeita "comadragem". Minha relação com cada um desses contadores é antiga; por várias vezes dividimos o palco e a palavra. O tempo da entrevista gravada com cada um variou entre uma hora e meia e duas horas. Como bons contadores, todos fizeram questão de revelar cada detalhe de sua trajetória de vida. Como boa ouvinte, pude facilmente criar os cenários com as imagens que me ofereciam. Assim, juntos, refizemos o percurso de volta à infância de cada um, para encontrar o momento exato em que começaram a "gestar-se" como contadores.

Como generosos colaboradores, fizeram questão de expor todas as idéias, todo o entendimento que têm de cada um dos itens que abordamos. Ao final de tudo, mais que partícipes em um projeto de pesquisa, sentíamo-nos cúmplices no garimpo dos elementos que tornam mágica e dão poder à nossa "palavra" de contadores de histórias.

Os teóricos, os contadores e a construção da narrativa

Além desta introdução, quatro capítulos e as considerações finais formam o todo deste trabalho.

O primeiro capítulo trata da "palavra" do contador de histórias. Foi um capítulo difícil de configurar. Como se essa palavra "poderosa", como dizem os contadores de histórias, nos quisesse provar seu poder.

Na tentativa de verticalizá-la, tomamos inicialmente a fala do tradicionalista Amadou Hampâté Bâ como referência para trabalhar o significado da palavra nas sociedades de tradição oral.

Ao longo de todo o capítulo, teóricos ou especialistas apontaram conceitos importantes para uma maior compreensão da fala dos contadores de histórias e do tradicionalista. O norteamento teórico apontou para a antropologia religiosa de Cassirer e Eliade.

A antropologia religiosa, segundo Schwarz, postula que o mito é uma expressão existencial do homem, cujo pensamento simbólico torna possível sua livre circulação por todos os níveis do real. O mito faz com que o homem "não se sinta mais um fragmento impermeável, mas um cosmo vivo reunido a todos os outros cosmos vivos que o rodeiam" (Schwarz, s.d.: 246).

Assim, em Cassirer, o homem não é mais considerado simplesmente um ser físico e emocional. Graças à sua imaginação, ele é capaz de criar símbolos, que são "pontes" entre o céu e a terra. Ele é reconhecido como *homo simbolicus*.

Já Mircea Eliade cunha o conceito de *homo religiosus*: aquele que pode reconhecer em si mesmo a irrupção de uma visão transcendente e globalizante.

Os estudos de Eliade colocam em evidência os invariantes do homem, a saber, o Sagrado, os Mitos e os Símbolos, estabelecendo vínculos de compreensão entre os homens de culturas e de épocas diferentes (Schwarz, s.d.: 246-61).

Esses dois teóricos e o tradicionalista Hampâté Bâ representaram o tripé sobre o qual pôde ser construído, finalmente, o primeiro capítulo. Outros teóricos igualmente importantes tiveram seus conceitos, noções ou teorias incorporados ao capítulo, num diálogo com os contadores.

O segundo capítulo trata da poética dos contadores de histórias. Paul Zumthor, por meio de seus estudos sobre a poética da poesia oral, foi o teórico norteador na construção desse capítulo. A partir de seu diálogo com os contadores e outros especialistas no assunto, começamos a ver delineadas as fronteiras entre os vários artistas da palavra, que finalmente ficaram claras no terceiro capítulo.

Neste capítulo, buscamos encontrar os sucessores "legítimos" dos contadores de histórias tradicionais. Para isso buscamos conhecer quem foi o contador tradicional, para compará-lo ao contador contemporâneo. Conhecer sua função e seu papel social em três momentos históricos sucessivos foi nosso objetivo.

Ao tradicionalista Amadou Hampâté Bâ coube a tarefa de nos apresentar o contador tradicional.

As reflexões de Walter Benjamin nos ensaios "O narrador" e "Experiência e pobreza", sobre o desaparecimento do narrador na modernidade, abriram-nos a porta de um período em que o contador quase desapareceu de cena.

Finalmente, os contadores contemporâneos vieram dar seu testemunho sobre seu reaparecimento na cena urbana atual.

O quarto capítulo trata da dimensão educativa da palavra do contador de histórias na contemporaneidade. Para configurá-lo, partimos da questão: "Qual educação?" Então, com o objetivo de definir em que dimensão educativa a "palavra" do contador de histórias pode ser um recurso valioso, "ouvimos" nossos colaboradores; depois fomos buscar nos estudos de Walter Ong sobre as culturas oral e escrita, e de outros teóricos, como McLuhan e Havelock, o entendimento sobre os processos de pensamento decorrentes de duas formas diferentes de abordar a palavra.

Em seguida nos apoiamos em Forquin, para os conceitos de cultura e de educação como cultura, e em Hannah Arendt, para a noção de "natalidade".

Encerrando esse estudo, recorremos a Magda Soares e Theodor Adorno para refletir sobre os riscos que rondam a "palavra" dos contadores de histórias na contemporaneidade. E, por fim, voltamos à antropologia religiosa por meio de Edgar Morin, que propõe uma nova visão do homem fundada no conceito de complexidade, para arrematar com um mesmo ponto a "palavra" dos contadores de histórias e sua dimensão educativa.

Fazem ainda parte do *corpus* deste trabalho as reflexões dos contadores de histórias de diferentes culturas e especialistas no tema, apresentadas no Colloque International sobre o retorno dos contadores de histórias, e publicadas no livro *Le renouveau du conte*, e a fala de contadores de histórias de diversas culturas, publicadas em forma de artigos e entrevistas, em nove exemplares da revista *Dire*.

Capítulo I
A palavra poética dos contadores de histórias

"Foi lá que isto se passou, além do Mar Vermelho, além da Floresta Azul, além da Montanha de Cristal, além da Cidade de Palha, lá onde se junta água na peneira..."

Os contadores de histórias são guardiões de tesouros feitos de palavras, que ensinam a compreender o mundo e a si mesmos. Eles semeiam sonhos e esperança. São carinhosamente chamados de "gente das maravilhas" pelos árabes.

Eles contam histórias de príncipes e gênios do mal, animais encantados e heróis que passam por difíceis provações para merecer a princesa, de velhos sábios e de bruxas, de animais que falam e agem como os humanos.

Coisas como essas são estranhas à nossa contemporaneidade – frenética, tecnológica, barulhenta e acesa a néon –, em que a necessidade é comunicar de forma cada vez mais rápida e sofisticada e o desejo pelo novo é insaciável.

No entanto, a velha e boa palavra dos contadores de histórias não parece obsoleta. Eles sabem disso, sabem que o mundo vai e vem. Foram as próprias histórias que lhes ensinaram. Se há épocas em que os ouvidos e os corações se fecham para o mágico e o poético, outras, entretanto, encontram o homem pronto a se encantar novamente.

Talvez estejamos vivendo mais uma dessas épocas, o que explicaria o retorno dessa "gente das maravilhas".

Sua grande tarefa tem sido, desde sempre, preservar um tipo de conhecimento armazenado em forma de histórias, que eles contam e continuam a contar enquanto houver ouvidos prontos a escutá-los. Assim, cuidam para que o bem maior dos seres humanos, a capacidade para se humanizar, não se perca.

Nos últimos tempos, eles conquistaram um espaço significativo na cena urbana. Mas, como conseqüência da horizontalização da palavra oral na sociedade contemporânea, concomitantemente uma enorme confusão se formou em torno de sua prática, e muitos outros artistas da palavra vieram se confundir com eles.

Isso se evidencia, sobretudo, por ocasião dos festivais de contadores de histórias, nos quais se inscrevem também o ator que interpreta o texto literário de um autor, o artista que desenvolve uma *performance* teatralizada de um conto de tradição oral, o contador de causos, o contador de piadas.

É premente, então, primeiro delinear os contornos da "palavra" do contador de histórias para verticalizá-la, de maneira que possa ser reconhecida como única.

Insistimos no termo "delinear contornos" em oposição a formular definições, classificar ou tipificar, termos que nos remetem a uma precisão e a uma clareza que não pretendemos encontrar nessa palavra.

O contador de histórias Michel Hindenoch pondera:

> Nosso mundo hoje tem um problema com a crença: ele quer saber tudo. É nessa medida que a arte me parece uma alternativa à ciência: salutar, salvadora, fecunda, indispensável à nossa felicidade de estar no mundo, inteiros... (2001: 303-4).

Cremos justas as palavras desse contador de histórias e nelas nos respaldamos para justificar essa opção de tratar a palavra do contador com uma certa "cerimônia", depreendendo dela o que nos é possível, mas sem tirar-lhe os véus a golpes de força reducionista, em prol da clareza científica.

Para tanto, fomos buscar nas idéias que os próprios contadores de histórias fazem dela – e que estão registradas em depoimentos gravados (caso dos nossos colaboradores) ou impressos (caso dos contadores de além-mar) – os traços para delineá-la. Já neste momento deparamos com a rica polifonia envolvendo essa "palavra".

1. UMA PALAVRA VIVA, MUTANTE E ANGULOSA

> *"Na extremidade do mundo, onde tudo se acaba numa paliçada de bambus, houve certa vez um rei..."*

Observamos que os contadores de histórias podem estar se referindo a sua "palavra" quando se remetem à forma textual de enunciação: conto ou história de tradição oral. É o caso de Praline Gay-Para: "O conto é uma palavra prazerosa de escutar mas também poderosa, colorida, comovente; enfim, uma palavra total, uma palavra que faz ver" (2001: 117), e também de Fabienne Thiery: "O conto é uma palavra nutritiva, insubstituível, alimento substancial (...), imediatamente assimilável e reparador" (2001: 183).

Outros podem adjetivá-la como "palavra do conto" ou "palavra contadora", como é o caso de Michel Hindenoch:

> Contar é uma Arte da Palavra, da mesma forma que a Poesia. Mas trata-se de uma palavra particular. A "palavra contadora" é uma palavra carregada de élan, de entusiasmo. É uma palavra profunda, poderosa, mágica (2001: 301).

Podem, ainda, usar o termo "palavra" num sentido geral, mesmo que estejam falando especificamente da "palavra do contador de histórias", como é o caso de Roberto Carlos Ramos:

> A palavra é o elemento mais fantástico para trabalhar com a emoção das pessoas. Assim como somos capazes de criar uma série de palavras que motivam as pessoas, nós somos também capazes de criar uma série de palavras que vão desmotivar as pessoas, que vão desmerecê-las.

Nós a encontramos relacionada à *performance*. Diante da pergunta: "O que você define como importante na 'palavra do contador'?", Walkíria Angélica respondeu: "Eu acho o gesto muito importante (...). Essa expressão corporal do contador de histórias."

Por último, aparece vinculada apenas ao contador, sem referência ao texto enunciativo, ou à *performance*, embora possamos inferir tratar-se do texto: "Na palavra do contador estrangeiro pode-se encontrar a prova da universalidade de todas as buscas humanas" (Barthelemy, 2001: 374).

Em outros momentos, um mesmo contador, que teria relacionado a palavra ao texto, poderá relacioná-la, por exemplo, à *performance* ou vice-versa, e assim por diante.

Dessa forma, seguiremos essa tendência e também utilizaremos os termos *conto*, *história*, *palavra do conto*, *palavra contadora* para designar a "palavra" do contador de histórias, que sempre aparecerá entre aspas. De acordo com o contexto da frase, um termo ou outro poderá ajustar-se melhor. No caso da palavra revelada, ela sempre aparecerá em letras maiúsculas.

O primeiro contato com as idéias que os contadores de histórias fazem de sua "palavra" – e que em vários momentos confrontamos com as idéias dos teóricos ou do tradicionalista, para que prática e teoria se esclareçam e se enriquecessem mutuamente – mostrou-nos a necessidade de observar a palavra a partir de três ângulos, cada um deles englobando certo número de elementos:

– No primeiro ângulo de observação, trataremos da sua natureza. Nesse sentido, ela descende da Palavra, cuja origem enraíza-se nos tempos em que os homens dividiam com os deuses a responsabilidade de construir o mundo e de mantê-lo em harmonia.

– No segundo ângulo de observação, começamos a tratar de sua especificidade como texto, no sentido bakhtiniano do termo, ou seja, como produção humana.

– No terceiro ângulo, continuaremos nesse tema, mas em um capítulo à parte: *A palavra que cria: poética dos contadores de histórias*, no qual trataremos da *performance* própria da poética oral.

2. O PRIMEIRO ÂNGULO: A PALAVRA REVELADA

"O conto respondeu, eu me calo..."

Pela tradição oral, os homens veiculavam a palavra mítica, revelada, sagrada. Essa palavra tão especial lhes brotava na língua em forma de poesia, tornando-se então Palavra.

Paul Zumthor comenta sobre a tradição oral:

> O que se conhece por tradição oral de um grupo social é formado por um conjunto de intercâmbios orais ligados a comportamentos mais ou menos codificados, cuja finalidade básica é manter a continuidade de uma determinada concepção de vida e de uma experiência coletiva sem as quais o indivíduo estaria abandonado à sua solidão, talvez ao desespero. (...) nossa própria cultura – racional e tecnológica – do fim do século XX está impregnada de tradições orais e sem elas dificilmente subsistiria (1985: 4).

A fala dos contadores de histórias contemporâneos, como veremos a seguir, é coerente com a observação de Zumthor sobre estarmos impregnados de tradições orais. Isso nos chamou a atenção para um aspecto importante dessa "palavra".

Por meio de uma abordagem diacrônica, constatamos que, embora os períodos históricos que se sucedem da sociedade de tradição oral à contemporânea tenham cultivado valores e ideologias muito diversos, com sua "palavra" os contadores de histórias souberam proteger muito da essência da antiga Palavra.

A tradição oral, reflete Fabienne Thiery, sempre viajou e sempre evoluiu. Antes livre e entregue aos ventos pela ação da oralidade, depois aprisionada pela escrita, ela agora continua sua viagem e sua evolução por meio da "recriação" de cada contador, porque, como o vento leva o barco, a voz do contador é que sempre colocou os contos no caminho.

Como numa viagem, é importante partir, estar no caminho e chegar. Não se pode privilegiar nenhum momento. Cada passo faz parte da viagem. O essencial é que essa "palavra" retorne ao caminho, tornando-se viva novamente, pela voz dos contadores (2001: 185-6).

Os deuses, que na Antiguidade dos tempos sopraram sobre a Palavra, parecem continuar a fazê-lo ainda que a ciência tenha lhes confiscado sua deidade, ou ainda que lhes tenha nomeado com nomes mais adequados ao ambiente profano, como se poderá perceber, em muitos momentos, ao longo de todo este capítulo, nos relatos dos contadores de histórias e nas teorias que buscam explicar as "coisas" que eles relatam.

A natureza da Palavra

Em 1948, a partir do conhecimento da cosmogonia e da mitologia dogom, que lhe fora transmitida por Ogotemmêli, um velho e cego caçador, Marcel Griaule popularizou a concepção da Palavra como Verbo divino, criador do mundo, em sua obra célebre: *Dieu d'eau*. As pesquisas posteriores de vários especialistas aprofundaram e enriqueceram essa concepção (Calame-Griaule, 1990: 17).

Nos relatos da criação de quase todas as grandes religiões culturais, a Palavra aparece sempre unida ao mais alto Deus Criador, quer se apresente como instrumento utilizado por ele, quer diretamente como fundamento primário de onde ele próprio provém, assim como toda existência e toda ordem de existência. O pensamento e sua expressão verbal costumam ser aí concebidos como uma só coisa, pois o coração que pensa e a língua que fala se pertencem necessariamente (Cassirer, 2000: 65).

Em sua grande maioria, os contadores de histórias, ao definirem a palavra dos contos, ressaltam nela uma natureza espiritual, sagrada, carregada de poder. Oger Kabone marca essa característica nos contos africanos, embora ela não esteja presente somente nesses contos:

> É pela palavra e pelo rito que o africano fecunda e transforma os dados materiais em realidades espirituais. Ora, o conto é, por excelência, uma palavra e um rito que participam do sagrado graças à magia das palavras e das fórmulas encantatórias que abrem e fecham o relato (2001: 335).

Visto isso, é nosso dever abordar o tema da Palavra, não com a profundidade de um antropólogo, de um etnólogo ou de um historiador das religiões, mas na justa medida em que conhecê-la possa ser significativo pelo que há de seus eflúvios na "palavra" do contador de histórias.

Amadou Hampâté Bâ nos introduz no tema, pois não há ninguém melhor que um tradicionalista para discorrer, não apenas sobre a natureza da Palavra, mas também sobre o modelo de sociedade que lhe deu origem.

Nas páginas seguintes, passamos a palavra a ele. A narrativa fluirá sem cortes para a inserção de comentários, análises ou interlocuções.

Na África, há um ditado que diz: "Quando uma cabra está presente, não se deve balir em seu lugar." Estamos levando em conta o ditado.

A palavra de um tradicionalista sobre a natureza da Palavra

Antes de abordar a palavra em diversas tradições africanas, Amadou Hampâté Bâ adverte seu leitor sobre o fato de só falar das tradições dos países da floresta, situados na savana ao sul do Saara, antiga África ocidental francesa, porque essas ele "viveu" ou "estudou de perto", imerso no seu cotidiano.

O ensinamento tradicional, diz ele, sobretudo quando se trata da transmissão de conhecimentos próprios aos processos iniciáticos, é ligado à experiência e integrado à vida; por isso os pesquisadores, sejam eles africanos ou não, empenhados em desenvolver estudos sobre os temas da tradição religiosa africana, estão condenados a ficar à margem desses temas se não aceitam viver com todas as suas regras a iniciação correspondente ao seu tema de pesquisa.

Nesse tipo de conhecimento, há coisas que não se explicam. Para compreendê-las, é necessário experimentá-las.

Amadou Hampâté Bâ ilustra o que acaba de dizer, relatando o caso de um jovem etnólogo francês interessado em estudar o sacrifício dos galináceos por ocasião da circuncisão.

O comandante francês enviou-o ao chefe do cantão com a recomendação de que tudo fosse feito para que o etnólogo tivesse acesso a todas as informações necessárias à sua pesquisa. O chefe do cantão reuniu os notáveis, explicou-lhes a situação e repetiu as recomendações do comandante. O *doyen* da assembléia, mestre ferreiro da região, portanto res-

ponsável pelas cerimônias de iniciação pela circuncisão, perguntou muito naturalmente:
– Ele quer que digamos tudo a ele?
– Sim, respondeu o chefe do cantão.
– Mas o rapaz veio para se fazer circuncidar?
– Não, ele veio para se informar.
– Como é possível dizer-lhe "tudo" se ele não veio para se fazer circuncidar? O chefe sabe muito bem que isso não é possível. É necessário que ele viva a vida dos circuncidados para que nós possamos ensinar-lhe todas as lições.
– Uma vez que somos obrigados a dar satisfação à força de ocupação – respondeu o chefe do cantão –, fica a seu cargo encontrar uma maneira de nos tirar dessa situação embaraçosa.
– Muito bem!, disse o velho, sem que ele o perceba nós lhe aplicaremos a fórmula "*mise dans la paille*".

Esse procedimento de "*mise dans la paille*" foi usado com muitos etnólogos que, não aceitando viver as condições requeridas para o conhecimento de seus temas de pesquisa, foram levados a pensar que tinham compreendido tudo, quando na realidade, sem a experiência, não poderiam verdadeiramente conhecer nada.

A forma como Amadou Hampâté Bâ aborda o tema da sociedade tradicional é pertinente à sua condição, descrita anteriormente, de homem da tradição oral: ele o aborda do lugar de quem "experimentou", e essa é a primeira característica da palavra no contexto da tradição oral.

Além da função da memória, que é mais desenvolvida, o importante nas sociedades orais é a força que tem a palavra e o laço que a une ao homem. Onde não há escrita o homem está ligado à sua palavra, e sua palavra testemunha quem ele é.

A coesão das sociedades orais repousa sobre o valor e o respeito pela palavra, da qual não se deve lançar mão sem prudência, pois seu caráter é sagrado, visto que sua origem é divina. Dessa origem divina ela recebe sua força e é agente da magia. A palavra é por excelência o grande veículo das forças etéreas.

A tradição bambara do Komo ensina que a palavra – *Kuma* – é uma força fundamental e emana do próprio Ser Supremo – *Maa Ngala* –, criador de todas as coisas. Ela é instrumento da criação: "O que *Maa Ngala* diz é!"

Antigamente, o mito da criação do universo e do homem era ensinado pelo mestre de iniciação do Komo (sempre um ferreiro) aos jovens que aos vinte e um anos deveriam ser circuncidados.

Durante sessenta e três dias, o jovem ficaria recluso e nesse período lhe era ensinada a gênese. Ele teria os vinte e um anos seguintes para aprofundar-se nesse conhecimento.

O mestre ensina que *Maa Ngala*, desejando um interlocutor, criou o primeiro homem – *Maa* – e dotou-o da faculdade de responder. Síntese de tudo o que existe e receptáculo por excelência da força suprema, o homem – *Maa* – recebeu como herança uma parcela do poder criador divino, o dom do Espírito e a Palavra. *Maa Ngala* ensinou a *Maa* as leis a partir das quais todos os elementos do cosmo foram formados e continuam a existir. Ele fez de *Maa* o guardião do universo e o encarregou de velar por ele e manter nele a harmonia. Iniciado pelo próprio criador, *Maa* transmitiu mais tarde à sua descendência a soma total de seus conhecimentos. Esse foi o início da grande cadeia de transmissão oral iniciática no Komo, no Mali, no Nama, no Koré etc.

Fluindo de *Maa Ngala* em direção ao homem, as palavras eram divinas porque ainda não tinham entrado em contato com a materialidade. Após seu contato com a corporeidade, elas perderam um pouco de sua divindade, mas foram carregadas de sacralidade. O corpo, por sua vez, sacralizado pela Palavra divina, emite o som – as vibrações sagradas – que estabelece a relação de *Maa* com *Maa Ngala*.

Assim, a tradição africana concebe a palavra como um dom de Deus.

Ao mesmo tempo que é divina, no sentido de sua descendência, é sagrada no sentido de seu retorno ao divino.

Maa Ngala depositou em *Maa* as três potencialidades: poder, querer e saber, contidas nos vinte elementos dos quais ele foi feito. Mas todas essas forças, das quais ele é herdeiro, repousam como forças mudas, estáticas, até que a palavra venha para colocá-las em movimento.

Graças à vivificação da palavra divina, essas forças começam a vibrar. No primeiro estágio elas se tornam pensamento; no segundo, som; e no terceiro, palavra.

A palavra é então considerada materialização ou exteriorização da vibração das forças divinas.

Nesse nível, os termos "palavra" e "escuta" abrangem uma realidade muito mais ampla que essa que lhes é atribuída. Na verdade, diz-se que "a palavra de *Maa Ngala* é vista, ouvida, sentida, provada, tocada". Trata-se de uma percepção total, um conhecimento no qual todo o ser está engajado.

Da mesma forma, sendo a palavra a exteriorização das vibrações das forças, toda manifestação de uma força, sob qualquer forma, será considerada palavra. É por essa razão que tudo no universo fala, tudo é palavra que toma corpo e forma. No movimento de vai-e-vem, a palavra cria o ritmo gerador de vida e de ação. O simbolismo da tecelagem funda-se sobre a palavra criadora em ação.

À imagem da palavra de *Maa Ngala*, da qual é o eco, a palavra humana coloca em movimento forças latentes. Ela as aciona, suscitando no homem a mesma reação que tem quando ouve o chamado de seu nome: ele se levanta e se volta em direção ao chamado.

A palavra pode tanto criar a paz como destruí-la. Uma só palavra pode fazer explodir uma guerra, como uma faísca pode provocar um incêndio. Diz o adágio do Mali:

– O que é que põe uma coisa no jeito?
– É a palavra.
– O que é que atrapalha uma coisa?
– É a palavra.
– O que é que mantém as coisas no seu melhor estado?
– É a palavra.

Por tudo isso, além do poder criador, a tradição confere à palavra *Kuma* a dupla função de conservar e de destruir. Isso faz dela o grande agente ativo da magia africana.

É preciso deixar claro que, de maneira geral, todas as tradições africanas têm uma visão religiosa do mundo. O universo visível é concebido e sentido como o sinal, a concretização ou a aparência de um universo invisível e vivo constituído de forças em constante movimento. No seio dessa ampla unidade cósmica, tudo está ligado, tudo é solidário, e o comportamento do homem em relação a si mesmo e ao mundo à sua volta (mundo mineral, vegetal, animal e sociedade humana) é regulado por rituais muito precisos, que podem variar de acordo com cada etnia ou região.

A violação das leis sagradas pode provocar um desequilíbrio das forças, produzindo vários distúrbios. Sob essas condições, a ação mágica, ou seja, a manipulação das forças, tinha por objetivo restaurar o equilíbrio perturbado e restabelecer a harmonia, cujo responsável é o homem.

Na África, o termo "magia" designa apenas a manipulação de forças que em si mesmas são uma ação neutra mas podem tornar-se nefastas dependendo do uso que se faz delas. A boa magia, dos iniciados e dos mestres do conhecimento, visa à purificação dos homens, dos animais e dos objetos, a fim de recolocar as forças em ordem. Nesse sentido a força da palavra é decisiva.

É necessário que a palavra produza o vai-e-vem que é a essência do ritmo. Por meio dos cantos rituais e das fórmulas de encantamento, ela materializa a cadência. Se essa cadência pode agir sobre os espíritos, é porque sua harmonia cria movimentos que engendram as forças que agem sobre os espíritos, eles próprios com poder de ação.

Em virtude dessa relação que se tem com a palavra, nas sociedades africanas a mentira é considerada uma lepra moral. Quem falta com a palavra rompe com a unidade sagrada, reflexo da unidade cósmica, criando assim a desarmonia em si e em torno de si.

Na África, a tradição oral é a grande escola da vida. Ela pode parecer caótica àqueles que não penetram em seus segredos e confundir o espírito cartesiano habituado a separar tudo em categorias bem definidas. Na tradição oral, porém, espiritual e material não são dissociados.

Passando do esotérico ao exotérico, a tradição oral sabe se colocar ao alcance dos homens, falar-lhes segundo seu entendimento e desenvolver-se em função de suas aptidões.

Ela é ao mesmo tempo religião, conhecimento, ciência da natureza, iniciação de ofício, história, diversão e recreação. Tudo isso a seu tempo, podendo remeter o homem à unidade primordial. Fundada sobre a iniciação e a experiência, ela engaja o homem em sua totalidade.

A tradição oral repousa sobre uma certa concepção do homem, de seu lugar e de seu papel no seio do universo. Para melhor situá-la em seu contexto global é preciso, antes de estudar seus diversos aspectos, remeter-se ao mistério da criação do homem e da instauração primordial da Palavra (Hampâté Bâ, 1981: 191-7).

Nas sociedades de tradição oral, "um conto é a mensagem de ontem, destinada ao amanhã, transmitida no hoje" (Hampâté Bâ, 1994b: 248).

No conto tradicional, avança-se como numa paisagem em que cada detalhe aparentemente insignificante pode esconder um tesouro de significações. Ele pode ser ouvido em diversos níveis. Os mais profundos só se revelam com o tempo, ou com a ajuda de um mestre. A lição do conto é buscar-se em si mesmo e encontrar-se (Hampâté Bâ, 1994b: 250-60).

Voltaremos a abordar o tema das sociedades de tradição oral mais adiante e pela ótica dos teóricos.

Os cuidados com a "palavra"

Conforme relata Pierre Gripari, "os contadores tradicionais sabiam admiravelmente o que precisaria ser reatualizado e o que deveria continuar no arcaísmo" (1987: 4). Talvez por esse cuidado é que a palavra dos contos tenha se mantido viva.

Nossos contemporâneos parecem preservar a tradição de cuidá-la, para que não se perca. É o que atestam ao reconhecer a estrutura ou o esqueleto da história como um núcleo cujo conteúdo arcaico e arquetípico é intocável e deve ser resguardado. Eles explicitam essa postura em suas falas: "As partes que não são muito interessantes eu posso suprimir, porque realmente não vão fazer diferença nenhuma, não vão afetar o esqueleto da história. Não se pode esquecer que a história tem um esqueleto" (Roberto Carlos Ramos).

Catherine Zarcate também trata do "esqueleto" do conto: "O conto é como um ser humano: ele tem um esqueleto, carne, roupas, uma alma. O esqueleto, os ossos são a estrutura do conto; se você a modifica, você quebra o conto" (1987: 7).

Gislayne Matos e Inno Sorsy, igualmente, comparam o conto ao corpo humano:

> (...) para que haja equilíbrio no corpo humano, o esqueleto deve ser rígido, ainda que as possibilidades de flexão sejam evidentes nas articulações.
> No conto, o esqueleto equivale à estrutura de base, essencial e portadora da mensagem e que também precisa ser rígida. Quando se altera o esqueleto, ou seja, a estrutura do conto, a mensagem arquetípica se perde (2005: 18-9).

Walkíria Angélica e Roberto de Freitas apropriam-se da estrutura da história e ficam livres para criar em torno dela, de acordo com a demanda que sentem dos ouvintes:

> (...) eu acabo ficando muito no esqueleto da história, (...) preparei a estrutura, me apropriei dela, e estou ficando muito rápida nisso (...) cada vez eu conto de um jeito diferente, eu acrescento informações, ou tiro alguma coisa, depende das crianças (Walkíria Angélica).

> (...) é a estrutura, é o esqueleto o que segura, o preenchimento, esse aí é meu. Eu sempre faço modificações, faço adaptações, e elas surgem no momento. (...) As histórias, eu as escuto ou as leio, guardo a sua estrutura, e ali no momento elas são contadas (Roberto de Freitas).

É necessário que, por meio de seu texto [dos contadores de hoje], os ouvintes possam escutar e religar-se às vozes antigas que antes carregaram essa história, como numa lembrança distante ou com um sentimento do "já vivido", que produz a vibração de uma ressonância que vem de longe (Fabienne Thiery, 2001: 184).

Os contos tradicionais vêm de muito longe, segundo Pierre Gripari:

> São antigos mitos, de caráter religioso ou mágico, que às vezes parecem remontar à Antiguidade e que foram reprimidos no inconsciente coletivo, pelas diferentes religiões ou ideologias que se sucederam a eles. É todo um material do imaginário que foi transmitido oralmente durante os séculos (1987: 3).

Christian Viallon define assim o conto: "O conto é a história da humanidade, rastro, herança, transmissão de uma geração a outra, sob formas moventes, variáveis, recriadas ao infinito" (1987: 46).

Os contos correram um grande risco de desaparecimento, num momento em que a ideologia predominante era a da cultura escrita e, portanto, todas as práticas relacionadas à oralidade eram vistas com suspeita, para não dizer com desprezo. Graças aos folcloristas e aos etnólogos, que os recolheram e guardaram nos livros, eles tiveram sua sobrevivência garantida.

Embora esse não fosse o lugar mais confortável para os contos, foi lá que esperaram pelos novos tempos, quando novas vozes viriam libertá-los da fixidez da escrita.

A nova viagem dos contos é, portanto, a história de um novo sopro que os faz sair dos livros para retornar ao vento.

E, como palavra reinventada na voz dos contadores contemporâneos, deverão encontrar novos caminhos. Uma vez mais, como um seixo, vão arredondar-se, alisar-se, a fim de se tornarem assimiláveis para aqueles que os escutam. Novamente, como palavra viva e encantada serão colocados na cadeia da oralidade.

O desejo de contar, de transmitir essa palavra, imemorial, saída da noite dos tempos, comum a diversas culturas, elaborada numa cadeia de transmissão particular, no seio de dada comunidade cultural, contada ao longo de séculos, não é uma questão de moda.

Essa palavra tem uma força que a faz renascer das provas mais perigosas[1]. Roberto Carlos Ramos concorda:

> A história em si, ela tem uma força. Algumas histórias existem há trezentos, quatrocentos anos, porque têm uma força que as mantém vivas. Elas não precisam de nenhuma tecnologia para ser passadas. Mantiveram-se vivas por trezentos, quatrocentos anos, pela força das pessoas e das verdades que elas encerram. A história, por si só, é viva.

[1] THIERY, Fabienne, 2001, pp. 182-5, e PELEN, Jean-Nöel, 2001, p. 202.

3. O SEGUNDO ÂNGULO: A PALAVRA TECIDA

> *"No fio das histórias, como no fio da vida, cada um tece seu tapete..."*

A metáfora que encontramos na etimologia da palavra *texto*, como nos mostra Walter Ong (que também fala de sua pertinência ao contexto da oralidade), além de poética, orienta-nos no desenvolvimento deste segundo ângulo.

"Texto", cuja raiz significa "tecer", é, em termos absolutos, mais compatível com a enunciação oral (...). O discurso oral tem sido geralmente considerado em ambientes orais como tecer ou alinhavar (1998: 22).

Nas sociedades de tradição oral, o discurso está estreitamente relacionado ao ofício do tecelão, como mostra Hampâté Bâ. Nos ofícios artesanais tradicionais, os gestos são considerados linguagem que reproduz, no simbolismo que lhe é próprio, o mistério da criação primordial ligada ao poder da Palavra: "O ferreiro forja a palavra, o tecelão a tece, o sapateiro a alisa, curtindo-a."

O trabalho do tecelão, ligado ao simbolismo da Palavra criadora, consta de oito movimentos de vai-e-vem, que correspondem às oito madeiras do carpinteiro e às oito patas da aranha mítica, que ensinou sua ciência ao ancestral dos tecelões.

Seus pés, abaixando e levantando os pedais, lembram o ritmo original da Palavra criadora, ligada ao dualismo presente em todas as coisas. Seus braços, deslocando no tempo e no espaço a naveta, fazem o cruzamento rítmico dos fios da trama.

Os gestos do tecelão, acompanhados das palavras que ele pronuncia à medida que toca cada peça do tear antes de começar seu trabalho, representam a criação em ação. É o canto da vida (Hampâté Bâ, 1981: 206-8).

O texto como produção humana

O texto enunciativo do contador de histórias é o conto, mas o conto no texto do contador de histórias é apenas um dos fios da sua tecelagem.

Segundo Richard Abecera (2001), as produções humanas se manifestam por meio de textos: orais, escritos, traçados, pintados, gesticulados. No "texto" temos a "textura", o "tecido", a "tecelagem", a "trama" e vamos até o "tricô".

O que se trama é uma multiplicidade de fios, não da mesma matéria nem da mesma cor, e isso cria uma polifonia.

No caso dos contos, a polifonia advém do processo da tecelagem que ajunta os símbolos, a história, as sonoridades, as implicações filosóficas, políticas ou sociais e os elementos subjetivos do contador que, como mestre da palavra, fabricará o texto dialogando com seus ouvintes.

Para conservar essa polifonia, o contador contemporâneo deverá recriar as histórias que conta – e que vêm de longe – considerando outros códigos, ou seja, passando de um sistema de signos a outro sem, no entanto, desfigurá-las, como já vimos anteriormente.

Mas, na trama que lhe imprime forma, a "permanência" é apenas um dos fios. Outros devem ser isolados e examinados para que nossa compreensão se amplie. Neste momento, o fio que nos interessa é o fio do conto. Que características ele porta? que funções desempenha? que situações propicia? em que níveis pode ser percebido?

Mais uma vez, é o tradicionalista que, ao nos esclarecer um pouco mais sobre esse fio, nos mostra também o manejo do tear para que não haja risco de nos perdermos num emaranhado de fios:

> Um conto de tradição oral pode ser percebido em vários níveis. No primeiro nível, ele é puramente recreativo, e seu objetivo é divertir e distrair crianças e adultos. Mas, para as

crianças que, por sua vez, o recontam, para seus familiares ou colegas, ele constitui também uma forma de aprendizagem da língua e de certos mecanismos do pensamento.

Num outro nível, o conto é um suporte de ensinamento para a iniciação às regras morais, sociais e tradicionais da sociedade, na medida em que revela o comportamento ideal de um ser humano no seio da família ou da comunidade.

Enfim, o conto é dito iniciático na medida em que ilustra as atitudes a imitar ou a rejeitar, as armadilhas a discernir e as etapas a vencer quando se está engajado no difícil caminho da conquista e da realização de si mesmo (Amadou Hampâté Bâ, 1994b: 250-1).

Daí nossa opção em trabalhar sobre os níveis de percepção apontados por Hampâté Bâ, que seguramente terá pensado numa ampliação gradativa da percepção ao falar em níveis. Por necessidade metodológica, enfocaremos os tópicos ressaltados por ele, agrupando-os em três níveis.

Na verdade poderíamos falar em funções do conto, elencá-las e analisá-las separadamente. Provavelmente isso seria mais simples e lógico. Sabemos que os contos cumprem funções sociais, pedagógicas, terapêuticas e iniciáticas. Mas essas funções não podem ser dissociadas. Elas se interpenetram, se complementam, e dessa forma não é possível pinçar cada uma das funções para analisá-la sem o prejuízo de desvirtuá-la.

Pierre N'Dak aborda essa questão, comum a todos os contos da tradição oral, ao tratar dos contos africanos:

> Nos contos, a dupla função de educar e divertir é indissociável. Se fizermos do conto africano uma simples diversão, ele não é conto; se fizermos dele um curso de moral ou de filosofia, nós o desfiguramos da mesma forma. O conto é ao mesmo tempo fútil, útil e instrutivo (1984: 162).

Lembramos nossa intenção desde o início de não tratar essa palavra sem o cuidado e sem a "cerimônia" que ela requer.

Enfim, sob essa perspectiva, colocaremos em relação a cada um dos três níveis a fala dos contadores de histórias e/ou a dos teóricos.

O primeiro nível

(...) é puramente recreativo e seu objetivo é divertir e distrair crianças e adultos, mas, para as crianças que, por sua vez, o recontam, para seus familiares ou colegas, ele constitui também uma forma de aprendizagem da língua e de certos mecanismos do pensamento.

De acordo com esse primeiro nível, começaremos pelo "divertir e distrair" e vamos até "aprendizagem da língua e de certos mecanismos do pensamento".

Um serão de contos é um momento de lazer que contém efetivamente os elementos do jogo e da recreação, para divertir e distrair: cantos, brincadeiras, mímica, riso, paródia dos gestos e da voz das personagens e o que mais se queira.

> Um conto deve ser sempre agradável de escutar, e em certos momentos deve poder alegrar os mais austeros. Um conto sem riso é como um alimento sem sal (Hampâté Bâ, 1994: 13).

> (...) eu gosto de contar histórias engraçadas, que fazem rir. E tem que haver cantigas no meio, eu gosto de cantar. E histórias que interagem com a criança, das quais a criança possa participar (Walkíria Angélica).

O conto é uma brincadeira, mas uma brincadeira organizada, uma brincadeira oral que deve interessar e divertir antes de instruir e formar, segundo Pierre N'Dak. Citando Jean-Paul Eschlimenn, N'Dak aponta a primeira característica do conto, que é a de criar um espaço "fora", onde a telescopagem do passado e do presente e a igualdade fundamental dos participantes tornam-se possíveis.

O espaço "fora" nos remete à teoria do espaço potencial de Winnicott. O espaço potencial é uma importante área que se expande no viver criativo e em toda a vida cultural do homem. É a área onde se dá a brincadeira, o lúdico, contrastada com a realidade psíquica interna, ou pessoal, e com o mundo real em que o indivíduo vive, que pode ser objetivamente percebido.

Winnicott a situa entre o indivíduo e o meio ambiente. Aquilo que, de início, tanto une quanto separa o bebê e a mãe, quando o amor desta, demonstrado ou tornando-se manifesto como fidedignidade humana, na verdade fornece ao bebê sentimento de confiança no fator ambiental.

Assim, o espaço potencial entre o bebê e a mãe, entre a criança e a família, entre o indivíduo e a sociedade ou o mundo depende da experiência que conduz à confiança. Esse espaço pode ser visto como sagrado pelo indivíduo porque é aí que ele experimenta o viver criativo.

O espaço do conto é um espaço potencial na medida em que ele aconchega, quebra barreiras, institui as igualdades; é um espaço de confiança e de afeto.

> Quando eu larguei o livro de lado e comecei a voltar para as histórias antigas, aí criou-se outro vínculo, que foi de abraçar depois da história, de beijar, de perguntar que dia você volta. Então isso marcou muito. Da parte deles [das crianças] também, porque aí eu permiti. Dessa forma vem para o colo. Depois disso eu nunca mais peguei livro para contar (Walkíria Angélica).

> Pelos vários internatos da Febem por que eu passei, nós tínhamos vários professores, mas pessoas tão sem contato, tão distantes da nossa realidade, que essas pessoas praticamente ficaram esquecidas na nossa memória. Passaram e não deixaram nenhum efeito. Agora, todo o mundo, todos os meus colegas na época de infância, de Febem, se lembram da Sá Rita, uma cozinheira que tinha na escola Santa Rita do Sapucaí. Era uma

senhora negra, pelo que eu sabia, analfabeta, não sabia realmente ler nem escrever, mas ela dava notícias de tudo quanto era história de papa, de presidente que tinha passado, e conheceu todo o mundo. E era uma pessoa que trabalhava de uma maneira muito legal com o nosso emocional, ela era tão próxima que, quando, por exemplo, nós tínhamos dor de cabeça ou dor de barriga, nós não procurávamos o médico que ia lá terça e quinta-feira, procurávamos a Sá Rita, que ela tinha receita pra todo tipo de chá, ela sabia fazer chá que curava todo tipo de moléstia, de doença, acompanhado de uma reza, sabe, e ela contava como é que ela aprendeu a fazer aquele chá. Então, na verdade, o que curava a nossa dor de cabeça, dor de barriga, não era o chá, era muito mais a história que ela passava, a proximidade que ela transmitia (Roberto Carlos Ramos).

As simples fórmulas introdutórias: "Era uma vez", "Há muito tempo", "Eu vou contar a vocês que", "Conta-se" e tantas outras que abrem os contos já são suficientes para nos transportar a esse lugar "fora", esse espaço potencial de criação.

Elas convidam os ouvintes a se evadirem, numa aventura através da imaginação, porque o conto age sobre a imaginação. Ele "dá toda liberdade ao imaginário, ele permite a cada um fixar suas próprias imagens, porque acreditamos que a palavra é criadora" (Charlie Edlin, 2001: 386).

O primeiro [ponto importante do conto] é você poder viajar no seu imaginário, usar o seu repertório de imagens, e nesse momento isso é muito gostoso, porque você volta no tempo (Rosana Montalverne).

Mas não se trata de uma "viagem" no sentido de fuga, de entorpecimento, e sim de uma "evasão profícua" fora do tempo real.

"Era uma vez..." é a precisão de um momento, de uma época num passado impreciso, distante. Remonta à fonte, às origens. É muito, muito longe, e tão perto (Maurice Guinguand, 1982: 32).

São três palavras que "como num rito mágico têm o poder de nos transportar, fora do espaço, no atemporal dos contos, este mundo sacralizado onde tudo é possível" (René-Lucien Rousseau, 1988: 20).
Essa fórmula mágica nos leva irresistivelmente à candura da infância, com sua crença inabalável nos milagres. É da matéria e do envelhecimento, ou seja, do tempo e do espaço, que nos evadimos para um mundo sem substância, tal é para nós "a imagem do gozo e da felicidade que só é comparável ao esquecimento do nosso estado físico, das misérias e dos sofrimentos que ele engendra" (René-Lucien Rousseau, 1988: 28).

Quem melhor pode nos ajudar a esclarecer o que estamos chamando de "evasão profícua" é Garcia-Roza, quando descreve a palavra do poeta na Grécia arcaica:

> A gênese do mundo narrada pelo poeta não dizia respeito ao tempo histórico, assim como não implicava o tempo cronológico; o próprio passado ao qual se referia não era propriamente um passado, mas uma outra dimensão do cosmo à qual o aedo tinha acesso. Numa bela paisagem, Vernant nos diz que o passado é parte integrante do cosmo; explorá-lo é descobrir o que se dissimula nas profundezas do ser (2001: 22).

O mundo para o qual se evade, por meio da palavra do conto, é um mundo fantástico, de maravilhas e imprevisões, que sutilmente nos remete ao nosso próprio ser, com tudo que isso possa significar.
Mas, além disso, nele é possível derrubar as barreiras entre os mais velhos e os mais jovens, entre homens e mulheres, entre classes sociais distintas.
Nesse primeiro nível, contar é, portanto, convidar à criação, a brincar com seus próprios pensamentos, como con-

firma Rosana Montalverne ao explicar por que as pessoas sempre voltam a cada mês para ouvir os contadores no "Conto Sete em Ponto":

> Olha, acho que as pessoas voltam porque elas ficam melhores lá, eu percebo que elas se distraem de um jeito muito individual. É uma diversão muito diferente, porque é uma diversão em que o imaginário delas está atuando, então é uma diversão única; cada um, eu tenho a impressão, se diverte de um jeito. Porque eu sempre me divirto, todas as noites eu sempre viajo, sempre imagino, então é como se cada um tivesse um repertório de visualizações, eu acho, um repertório próprio de enxergar as coisas, que não usa no dia-a-dia, e no dia que vai ao conto ele usa. Então cada um se diverte do seu jeito, e é impossível que não toque cada um de um jeito diferente.

Para Sylvie Loiseau, "o conto não é apenas uma ocasião de descontração, ele é veículo de conteúdos ricos, que alimentam o imaginário e desenvolvem a faculdade de representação" (1992: 11).

Imaginação e imaginário são termos que muito naturalmente associamos aos contos e reiteradas vezes são evocados pelos contadores. Esses termos requerem um aparte, ainda que breve. Faremos esse aparte baseando-nos nas abordagens de Eliana Stort, principalmente, e de Georges Jean, em alguns momentos. Recorreremos a Eliana Stort porque ela emprega o termo *imaginário* num sentido coerente com a fala dos contadores: "É principalmente no sentido de fantasia, entendida como criações mentais subjetivas diante de situações frustradoras, experiência humana estreitamente ligada ao ato criador" (1993: 46). E a Georges Jean por sua obra *Pour une pédagogie de l'imaginaire*, na qual analisa a função do imaginário na formação do indivíduo e de que forma a escola pode contribuir para isso.

Partiremos das definições que Georges Jean nos dá desses termos:

O termo *imaginação* designa grosseiramente a faculdade pela qual o homem é capaz de reproduzir – em si mesmo ou projetando fora de si – as imagens armazenadas em sua memória (imaginação dita "reprodutora"), e de criar as imagens novas que se materializam (ou não) nas palavras, nos textos, nos gestos, nos objetos, nas obras etc. [imaginação criadora]. O *imaginário* seria, então, o termo que designa os domínios, os territórios da imaginação: seriam distinguidos, por exemplo, o imaginário poético, o imaginário plástico, o imaginário corporal... (1991: 23-4).

Por meio da imaginação criadora, o indivíduo reorganiza os elementos provenientes de suas experiências passadas, dando-lhes nova forma. Essa construção de imagens dá-se pela formação mental de imagens do que existe mas não está em nossa presença. As imagens aqui referidas dizem respeito aos sentidos humanos. Em nosso tempo e cultura, observa Stort, as imagens visuais tendem a predominar sobre as dos outros sentidos.

Roberto Carlos Ramos sublinha a importância da palavra para a criação de estruturas mentais, o que colocamos em relação com a fala de Stort:

(...) na verdade, quando estamos falando, estamos trabalhando de uma maneira muito interessante com a estrutura mental. A palavra está criando fantasias, está criando imagens na mente da pessoa; então, quando eu descrevo um personagem, ele se cria na cabeça do indivíduo.

De acordo com Georges Jean, por meio de seus estudos sobre a gênese da inteligência infantil Piaget mostrou que a capacidade de representação, que segundo ele precederia a linguagem verbal, é condição necessária, embora não suficiente, para que as faculdades mentais se desenvolvam.

A consciência que temos dos objetos ausentes à nossa percepção atual é uma consciência que nos permite tomar distância da realidade concreta, tangível, histórica na qual estamos inseridos. Dito de outra forma, trata-se da capacidade reflexiva.

Ora, o contador inventa outro mundo, ele faz as histórias surgirem do nada e as torna verdadeiras. Essa é a própria definição de imaginação, conclui Georges Jean (1991: 98). Stort relaciona seis funções da imaginação:

1. Função objetivadora e libertadora: suprindo ausências afetivas, trazendo à tona anseios reprimidos e possibilitando o domínio mental dos objetos que produzem angústia, a imaginação possibilita a libertação afetiva por compensação simbólica.

Educador especializado e contador de histórias, Louis Venet articula suas reflexões em torno da experiência com ateliês de contos em um hospital-dia. Podemos relacioná-la com essa primeira função do imaginário.

Primeiro ponto, claro, evidente, límpido: o conto permite o controle da angústia, porque ele nomeia o inominável, permite à criança não mais ficar "à mercê". Desde o momento em que a angústia tenha um nome — feiticeira, lobo, ogro —, ela é abordável e a criança pode atacá-la, sobretudo nos contos tradicionais; o que tem a forma da angústia acaba mal... O lobo no poço, a feiticeira na fogueira... Não estando mais à mercê da angústia, a criança pode nomeá-la, identificá-la e sobretudo exteriorizá-la (1988: 31).

2. Função comunicativa, de autoconhecimento e de conhecimento do mundo: o imaginário possibilita ao homem a comunicação consigo mesmo, uma vez que seus desejos, carências, necessidades, anseios são por meio dele explicitados. Da mesma forma, o imaginário do outro trará informações sobre os sentimentos, os conhecimentos e sua situação no mundo.

Walkíria Angélica relata sua experiência em uma escola:

(...) eu contava uma história numa escola, e havia lá uma menina completamente apática, a idade dela já não era mais para aquela turma. Eu fui contando uma história em que no final distribuo um versinho do Papa-Sonhos e falo para os meninos lerem antes de dormir. E essa menina virou no meio da história e disse assim: "Eu faço xixi na cama, ele vai me curar?" A professora levou um susto e falou: "pronto, entendi um monte de coisas que estavam acontecendo com essa menina".

3. Função crítica: o imaginário cria uma distância entre o mundo objetivo e o idealizado, afinando o espírito crítico e fazendo-nos refletir. O autêntico imaginário não nos afasta da realidade, mas a restitui a nós:

(...) de uma maneira muito interessante, (...) todos os contos têm o objetivo de motivar o indivíduo a uma postura crítica (Roberto Carlos Ramos).

O psicanalista infantil Marc Lindenfeld (1988) considera como o efeito mais terapêutico do conto a possibilidade de propor à criança um suporte que lhe permita abordar situações emocionais que são as suas, mas sobre outro objeto, ou seja, nas situações e nas personagens apresentadas pelo conto à criança. É o mesmo que ocorre com o adulto, que pode se espelhar no conteúdo mantendo uma distância emocional que lhe possibilita maior compreensão de seus conteúdos psíquicos. Nesta situação, o conto respalda o imaginário para o desenvolvimento da função crítica.

4. Função de apoio ao desenvolvimento racional: quando bem educada, a imaginação favorece a racionalidade, pois se aprende a manipulá-la cada vez com maior habilidade e distância. Stort cita Held quando diz que

razão e imaginação constroem-se uma *pela* outra e não uma *contra* a outra.

A esse respeito, Georges Jean postula que a imaginação possibilita a compreensão em todos os níveis. O domínio do imaginário e o domínio do compreensível se confundem. Diferentes tipos de raciocínio, a dedução, o raciocínio pela recorrência, por exemplo, exigem que o espírito possa se antecipar sobre os resultados possíveis de suas hipóteses. O matemático e o cientista, de alguma forma, avançam por um terreno virgem e constroem ou exploram um real cuja coerência ou incoerência escaparia àquele que não pudesse figurá-la simbolicamente. Sem imaginação, conclui ele, não há desenvolvimento possível dos indivíduos. Imaginação não é apenas devaneio, sonho, invenção do nunca visto; ela intervém nos processos psíquicos e corporais e antes de tudo na linguagem (Jean, 1991: 27-8).

Roberto Carlos Ramos identifica na falta de estímulo à imaginação uma grande dificuldade que os professores têm encontrado:

> As dificuldades que os professores estão sentindo hoje em tratar com os alunos são, muitas vezes, porque os nossos alunos viveram uma fase muito grande sem o lance da imaginação, da curiosidade, sem a fomentação de perspectiva, e o imaginário leva isso de uma maneira muito interessante, fantástica. O aluno precisa trabalhar o imaginário, mesmo que em doses homeopáticas. Os nossos alunos hoje são muito carentes disso. Nós vemos uma geração aí que a televisão funcionou como a babá eletrônica, mas aí a coisa vem pronta, definida... a maioria das pessoas que assistem à televisão não podem se dar ao luxo de imaginar uma coisa diferente. Essa geração inteira que está indo pra escola agora, é essa geração que não foi influenciada, infelizmente, a ter aquele imaginário fantástico, o imaginário fantástico é que permite à pessoa a extraordinariedade.

A maioria dos meninos, infelizmente, são meninos muito comuns ou ordinários, ordinários no sentido de comuns. Os extraordinários que permitiam extrapolar um pouco mais aquilo que era permitido pra eles, você sabe, que a escola hoje... numa sala de aula, esses são os extraordinários, esses vão se destacar em alguma coisa na vida porque eles são fantásticos nas coisas que eles fazem, sabe, são super-homens, são super-heróis e eles conseguem extrapolar o comum. E a história tem essa capacidade, permite à pessoa extrapolar o comum.

5. Função motivadora: a imaginação é a responsável pelos sentimentos de interesse, de admiração e de amor do homem pela vida; ela alimenta sonhos e desejos, constringe à resistência, cria a esperança e dá origem à fé.

Luda Schnitzer identifica duas pulsões muito fortes no homem, que são o desejo de saber, de compreender a natureza das coisas, e a necessidade de ter esperança. Ela vê no conto uma ferramenta para lidar com ambas:

> O conto responde a essa dupla aspiração. Ele explica os mistérios do universo e, ao mesmo tempo, corrige com sua varinha de condão uma realidade imperfeita, injusta. Porque a esperança é sempre o milagre, o maravilhoso (...). É criando um mundo fantástico que o conto se revela próximo da realidade (2001: 227-8).

O contador Roberto de Freitas pode ilustrar essa função com sua reflexão:

> O ponto central pra mim é a esperança, porque quando você conta história pra criança estará resolvendo conflitos, e fatalmente essa história terá um final feliz, ela estará pegando ali coisas positivas, todo um processo e tudo que a gente tá careca de saber. Isso pra mim possibilita a esperança. Quando eu vejo essa onda de violência, o invejar as coisas do outro, o querer as coisas do outro, o roubar, o não ter limites, o devorar... essa

competitividade, eu acho que as pessoas estão sem esperança, as pessoas estão muito negativas, muito pessimistas. E eu acho que esse desequilíbrio é justamente pela falta do encantamento, pela falta de se propor que há uma alternativa, que existem outras possibilidades. Que não é totalmente ruim, tudo tem também seu lado bom, que às vezes as perdas são necessárias... Pra que a gente valorize o que se ganha é preciso que se perca. As pessoas só querem ganhar, ganhar e ganhar... nunca perder, nunca perder, nunca perder... e as histórias delas trazem isso.

6. Função criadora: diante de problemas, a imaginação propõe elementos, pontos de partida capazes de auxiliar a refletir, dialogar e elaborar, pouco a pouco, as respostas. Ela permite ultrapassar o dado, o agora, o imediato, originando o que não é visível nem existente, mas em que se reconhece, em maior ou menor prazo, o que deveria ser revelado.

Na concepção de Christian Viallon, o conto, ao nos falar de situações nas quais podemos nos reconhecer, ajuda-nos a recriar nossa própria história. Poderíamos dizer que o universal do conto, em relação com o particular do indivíduo, favorece a função criadora, possibilitando a transformação.

Walkíria Angélica comenta a identificação das crianças com os personagens da história e como elas usam essa identificação para falarem de si mesmas:

> Mas com quem você se identificou? Quem você queria ser na história? Eu quero ser a galinha. E por que você queria ser a galinha? Pra mudar o final da história. Ela queria que a galinha perdoasse, que desse comida para os bichinhos (Walkíria Angélica).

O conto é representação e relato da formação e dos processos da realidade psíquica, como toda criação. Mais que tudo, ele é próximo do sonho pelos seus conteúdos. Ele é diferente no sentido em que organiza em um relato estruturado os fantasmas e sua transformação. A história que ele conta é um pouco da nossa própria história, que nós recuperamos e recriamos (Viallon, 1987: 46).

Nos contos (...), encontramos a lógica dos sonhos, onde a imaginação obedece às suas próprias leis, escapando à ditadura da razão" (René-Lucien Rousseau, 1988: 20-32).

Por último, abordamos o tópico sublinhado por Hampâté Bâ: a aprendizagem da língua. Nossa interlocução nesse momento é com a lingüista Suzy Platiel, que trabalha na sociedade sanan, uma etnia de Burkina Fasso. Ela estuda as diferentes funções dos contos numa sociedade de tradição exclusivamente oral.

Nas páginas que se seguem, nós nos apoiaremos em suas análises para tratar a questão da aprendizagem da língua e sua ligação com a formação da identidade da criança[2].

Suzy Platiel relata uma de suas primeiras experiências com os sanan: ela perguntou a eles por que contavam histórias para as crianças, e a resposta foi: para ensiná-las a falar e a viver na nossa sociedade.

A propósito, ela comenta que nosso mundo atual utiliza pouco o conto e o contador para ajudar uma criança a integrar-se na sociedade, mas cobra dela maior empenho na aquisição da linguagem.

A aprendizagem da língua, segundo Platiel, é uma das funções mais importantes do conto, mas uma das menos estudadas: "O conto pode representar um papel importante na aprendizagem e no domínio da linguagem, que leva à construção e à formação da identidade da criança" (2001: 264).

Nesse sentido, três pontos devem ser ressaltados:

– ativação dos mecanismos de simbolização que sustentam a utilização das palavras e o funcionamento da linguagem;

[2] PLATIEL, Suzy, 2001, pp. 263-8.

– construção da relação espaço/tempo;
– domínio da linguagem e desenvolvimento das estruturas discursivas.

Sobre a ativação dos mecanismos de simbolização, Platiel observa que, quando a criança começa a falar, ela apenas pronuncia as palavras se está na presença dos objetos ou das pessoas ligadas a ela.

Essa é a primeira etapa na aprendizagem da linguagem; as frases e o discurso virão mais tarde.

A criança deverá vencer outras etapas, que correspondem a um desenvolvimento maior dos mecanismos de abstração e de simbolização que terá de dominar antes de utilizar corretamente a linguagem como instrumento de comunicação:

> Nos primeiros anos de vida, a criança necessita de palavras que a consolem, que a protejam, que lhe confirmem uma presença, que lhe encorajem, mas também das palavras que aos poucos lhe dêem o prazer de brincar com a linguagem. As pequenas fórmulas, as cantigas de ninar, as rimas, os ritmos, enfim os primeiros jogos literários que ela vai memorizar. Os contos só virão em torno dos dois anos (Hindenoch, 1987: 42).

No primeiro momento, a criança deverá compreender que as palavras não servem para designar apenas o que se vê; elas têm o poder de evocar um objeto ou uma pessoa ausente. Só então ela passa a utilizá-las dessa forma, comunicando seu desejo.

Por volta dos dois anos e meio a três anos, a criança já é capaz de escutar uma história e imaginar os personagens e os objetos, diz Hindenoch.

Essa descoberta é o primeiro passo na aquisição da linguagem. Ela deverá compreender, ainda, que cada palavra corresponde a uma noção que representa não um objeto único mas uma classe de objetos com características comuns. Para construir essa noção de que os objetos não são rigorosamente idênticos, a criança deverá aprender as diferenças que pode considerar e as que pode ignorar. É o momento em que todo velho é vovô, da mesma forma que todos os gatos, de cores, raças e tamanhos diferentes, são gatos. Esse é um aprendizado difícil e requer esforço considerável. Trata-se de um processo de distanciamento do objeto, de abstração e de generalização que irá permitir à criança construir o campo semântico das palavras que utiliza.

Ao mesmo tempo, ela deverá aprender que esse conjunto de características comuns que conseguiu agrupar para construir as noções subjacentes às palavras não constitui um todo inseparável, mas, ao contrário, uma soma de componentes, e que somente alguns devem ser retidos em função do contexto de utilização das palavras: o mar azul e o céu azul não remetem às cores que ela percebe como muito diferentes?

Assim, graças a esse constante vai-e-vem globalização/fragmentação ou, dito em outro nível, síntese/análise, a criança conseguirá cercar a extensão do campo semântico das palavras e poderá compreendê-las e utilizá-las tanto isoladamente quanto inscritas em enunciados que precisam seu sentido, reduzindo-as.

Ora, os contos, porque reforçam e utilizam apenas um ou alguns dos componentes dos personagens que descrevem, irão ajudar a criança a vencer essa nova etapa na aquisição da linguagem.

É a astúcia e a inteligência da lebre, mais que seu tamanho e suas longas orelhas, que se opõem à hiena, besta egoísta e glutona; os humanos perdem sua complexidade e sua densidade para se tornarem estereótipos, definindo-se em cada conto por um só traço: a velha, delatora; a madrasta, ciumenta... Assim, ao longo dos contos, a criança aprende que o campo semântico das palavras se fragmenta e que de acordo com o contexto em que aparecem sua significação pode se modificar.

No segundo ponto, no que concerne ao espaço, Platiel lembra que sua análise está voltada para o *corpus* de contos sanan, o que a impediria de afirmar que as mesmas observações seriam concernentes a outros *corpora*. No entanto, pensa que o tratamento deve ser o mesmo, no que concordamos com ela.

Quase todos os contos sanan, relata Platiel, desenvolvem-se por meio de dois espaços que se opõem: um espaço interior, o "aqui", que é a aldeia, claramente delimitada e protegida por um cinturão de plantas e no interior da qual se está protegido, e um espaço exterior, o "outro lugar", que é a floresta, zona de perigos e de insegurança.

Analisando o vocabulário utilizado para descrever cada um desses espaços, Platiel sublinha o tratamento radicalmente diferente: o "aqui" é descrito com procedimentos exclusivamente estáticos, os personagens estão aqui, depois aqui, depois aqui, apenas os lugares são mencionados – o mercado, a casa, o poço... Mas como eles vão de um lugar a outro nunca é mencionado. Ao contrário, quando se descreve o "outro lugar", o espaço da floresta, o desconhecido, o fenômeno se inverte, o espaço não se organiza mais em relação aos lugares, e esses nem são nomeados. O que então se encontra é uma profusão de verbos e de advérbios, para exprimir os deslocamentos, os movimentos dinâmicos do personagem.

A conclusão a que chega Platiel é a de que, aplicando vocabulários diferentes a dois espaços claramente distintos, os contos irão permitir à criança aprender mais facilmente a dissociar as duas categorias de vocabulário pelas quais se podem exprimir as diferentes noções referentes ao espaço.

Em relação ao tempo, a mesma articulação é notada para distinguir o tempo pontual do tempo que dura.

Para exprimir um momento do tempo, preciso, este no qual se localiza o acontecimento, se fará apelo exclusivamente à conjugação; ao contrário, os advérbios e as locuções temporais serão utilizados para remeter à noção de continuidade, de duração, de prolongamento no tempo.

Essas distinções interessam sobretudo ao domínio da linguagem como instrumento, mas acima disso a aquisição bem mais essencial diz respeito à construção de sua identidade. A criança deve aprender a se situar no tempo e no espaço; deve perceber que, de um lugar a outro, de onde ela se encontra, e no instante presente, existe um "além", um "ontem" e um "amanhã", que ela pode conceber e dos quais pode falar.

Há ainda, porque as histórias nos falam disso, um espaço e um tempo que não são os nossos, outro espaço temporal que aparece, de alguma forma, como fora do tempo e fora do espaço, mas no qual a criança penetra facilmente, seguindo os heróis com os quais se identifica. O conto ajuda a criança a construir uma visão mental desses lugares aonde ela nunca foi e que não existem.

Por último, Platiel aborda o desenvolvimento das estruturas discursivas. Ultrapassado o estágio das frases, temos o discurso. Os contos fornecem para o discurso os modelos de encadeamento lógico na medida em que a sucessão das seqüências, comandadas seja pela simples progressão temporal, seja de forma mais sutil pelas relações de causa e efeito, é comumente marcada ou pela repetição de um motivo ou pelas passagens cantadas que são intercaladas entre cada seqüência.

O segundo nível

Num outro nível, o conto é um suporte de ensinamento para a iniciação às regras morais, sociais e tradicionais da sociedade, na medida em que revela o comportamento ideal de um ser humano no seio da família ou da comunidade.

Em torno da palavra do contador de histórias, o grupo se constitui inicialmente graças ao que há de prazeroso e de acolhedor nessa palavra. Ela tem o poder de criar um "espaço potencial" para nele aconchegar os ouvintes, que poderão livremente "brincar" com seu próprio imaginário e por meio dele aprender a "estar no mundo" de uma forma harmoniosa e responsável.

Confiança e afeto constroem o ambiente propício para aproximar as pessoas, que muito naturalmente se sentirão unidas pelos laços sociais e estarão receptivas à iniciação nas regras morais e sociais, como mostram os colaboradores:

> Tem o efeito de corrente, sabe, eu percebo, justamente, [pelas] histórias, as pessoas se sentem parte daquele grupo, eu acho isso fantástico (Rosana Montalverne).

> À noite (...) juntava-se toda a meninada, porque era hora de histórias para os meninos. Depois os meninos iam [dormir] e eram histórias para os adultos, que eram na cozinha. Para os meninos eram no quarto, para já irem dormindo. E essa minha tia Figena (...) a gente ficava o dia inteiro querendo que ela contasse histórias, e ela dizia que só contava de noite, porque de fato quem conta histórias de dia cria rabo de cotia, (...) aí amontoávamos todos nós, éramos oito, nove crianças (Roberto de Freitas).

Nas sociedades tradicionais, toda a comunidade da aldeia participava dos serões de contos, independentemente de idade ou do papel na sociedade.

Essa prática facilitava a solidariedade intergeracional, porque o conto pode circular entre gerações diferentes, sem encontrar obstáculos. Por meio dele, os problemas da vida podem ser tratados pelos seus diferentes pontos de vista.

Nas sociedades tradicionais, a construção do amanhã implicava necessariamente todas as gerações. O convívio das crianças com os adultos e com os velhos não só era fonte de prazer para as crianças, como necessário para sua inserção harmoniosa na sociedade.

Eu tive uma infância muito gostosa, sabe? A vida no interior, esse contato com as pessoas da família... Eu gostava de adultos, eles faziam roda e ficavam contando mentiras... A mãe fala que uma coisa que eu amava era estar junto e ouvir conversa de gente grande, depois eu ia correndo e contava para todo o mundo (Walkíria Angélica).

Atualmente, não é mais a comunidade da aldeia, mas outros grupos se juntam para o "serão moderno": uma apresentação de contos. Rosana Montalverne, responsável pelo projeto Conto Sete em Ponto, do Tribunal de Justiça do Estado de Minas Gerais, aberto tanto às pessoas da casa quanto às de fora, diz:

> A história agrega, isso é perceptível no Tribunal, já virou a cultura da casa. (...) Os funcionários levam a esposa, levam o marido, levam o filho, levam a prima, levam uma tia, os funcionários sempre estão levando os parentes. Então é uma forma de os funcionários levarem as pessoas também, ah, é aqui que a mamãe trabalha, aqui que o papai trabalha, sabe, olha quanta coisa fez o conto. (...) Acho que humanizou as relações, abriu os auditórios do Tribunal de Justiça.
> Quantitativamente, nós já vamos para o sexto ano de contos, e com absoluta aceitação, interna e externa. Depois disso, outras comarcas, outros fóruns de Minas Gerais aderiram ao projeto e começaram a fazer também as noites de contos nos fóruns, com total apoio do Tribunal de Justiça.
> Qualitativamente, percebo que as pessoas criaram uma identidade com a instituição, (...) quando [você tem] uma identidade, você faz parte de algo, você pertence. E esse sentimento de pertencimento dá muito orgulho pras pessoas trabalharem, você trabalha melhor, você trabalha com a cabeça mais erguida, sabe, você pertence. É difícil explicar.

Para Jude Le Paboul, o conto e o contador são a alma capaz de religar todo o mundo:

O conto e o contador e os ouvintes que o escutam formam uma comunidade em que se pode se sentir à vontade, em que se pode partir ao infinito, se pode comunicar, todos juntos. Eu penso que é disso que mais estamos precisando em nossa época. Há tão poucas comunidades! Somos indivíduos, uns ao lado dos outros.

O conto e o contador são a alma que pode religar todo o mundo (2001: 221).

Nas sociedades tradicionais, ao longo dos anos, os mesmos contos eram repetidos, nos mesmos termos, com as mesmas entonações, e os ouvintes experimentavam o mesmo prazer ao ouvi-los. Essa situação pode se repetir ainda hoje, como mostra Roberto Carlos Ramos:

> Muitas vezes não são novidades, tem cidade que eu já fui duas, três vezes, contar a mesma história, no mesmo lugar, e as mesmas pessoas foram e gostaram. Então começa na chegada dos pais, tem locais que a maioria são crianças, mas vai a família toda pra levar uma criança, então acontece de o número de adultos ser muito maior que o número de crianças, e adoram do mesmo jeito as histórias.
>
> Não podemos esquecer que o objetivo da história, na verdade, é sempre aproximar as pessoas, informar, ensinar.

Para Pierre Peju, "o conto tinha, então, uma função de laço social: os habitantes de uma aldeia, de uma região, sentiam-se ligados pelos temas, pelas anedotas, por um humor particular" (1990: 10). Segundo Aminata Sow Fall (1982), o conto exprimia as aspirações mais profundas do grupo social e assegurava sua coesão, em torno dos sistemas de valores e de crenças que deveriam ser consolidados para o equilíbrio e a sobrevivência da sociedade.

Nos contos, os defeitos são denunciados, e os marginais e oportunistas, castigados pelos homens ou pelas forças sobrenaturais, porque a harmonia entre os homens sempre deverá ser restabelecida.

Essa é a promessa que nos fazem seus heróis, que não desistem no caminho, por mais difícil que as provas possam parecer. Eles nos ensinam que não se deve desistir de trabalhar pela harmonia e pela unidade.

As histórias ensinam sim, e isso ninguém vai tirar delas. Tem coisas que você sabe, por exemplo uma inveja que você está sentindo, de repente... a inveja... Você aprende, você sai melhor, sabe, nesse aspecto, nesse sentido, eu percebo que as pessoas se sentem melhores (Rosana Montalverne).

Apesar das diferenças tão profundas entre os dois modelos de sociedade, colocados aqui lado a lado – o das sociedades tradicionais e o da sociedade contemporânea –, juntar-se em torno da palavra viva, do relato, continua sendo um desejo na comunidade contemporânea. Ong afirma que "a mesma fascinação pelo discurso oral continua inalterada séculos depois de a escrita ter sido posta em uso" (1998: 17).

Eu não sabia ler nem escrever, e como meus colegas eram meninos de rua, a maioria também não sabia ler nem escrever. E nós tínhamos uma carência muito grande de novidades. Toda vez que tinha alguém contando alguma coisa, eu percebia que a turma juntava pra ouvir, e às vezes até ficava no ponto do ônibus ouvindo conversa das pessoas só pra ter noção do que estava acontecendo (Roberto Carlos Ramos).

Para as crianças, o ensinamento veiculado pelos contos é o de uma moral prática. Desde cedo os contos lhes ensinam as vantagens de um comportamento harmonioso na comunidade. Ensinam que fraternidade, cooperação, solidariedade, amizade são valores necessários à sobrevivência de qualquer grupo. E não o fazem por meio de preceitos éticos abstratos, mas usando da melhor maneira o imaginário da criança, que poderá contextualizar pelas imagens mentais o ensinamento neles contido. Roberto Carlos Ramos ilustra:

A criança, a pessoa quando ouve a história, ela cria toda a estrutura, todo elemento para imaginar [por exemplo] o calor do vulcão. A estrutura mental dela trabalha de uma maneira tão fantástica, que ela não precisa cair dentro do vulcão para saber que queima, que fica derretida, mas só saber que ela ouviu anteriormente uma história que permitiu a ela vivenciar essa fantasia. (...) Eu sou capaz de perguntar pra pessoa: Você já esteve na China? Uma pessoa que nunca ouviu a história da China não sabe o que é a Muralha da China (...). Não adianta eu mostrar uma fotografia e falar aqui é a Muralha da China, mas se eu conto uma história onde a pessoa entra na Muralha da China e a descreve, a partir daquele momento ela vai descrever como se ela tivesse estado lá, porque a mente dela registrou e fotografou.

Aqui voltamos a Hampâté Bâ, para elucidar seu conceito de educação na sociedade tradicional, em que o conto é o veículo privilegiado da ética:

> Para nós, não há um ensinamento elementar e um ensinamento superior: há uma compreensão elementar e uma compreensão superior. A mesma lição que se ensina a uma criança de sete anos pode ser ensinada a um erudito: trata-se apenas de saber como apresentá-la e o que se coloca no envelope; o envelope é o mesmo. (...) Na África, na falta dos livros, o ensinamento se encontra nos contos, nas máximas, nas lendas. Não há uma só canção, quer ela seja para brincar ao clarão da lua ou para ninar uma criança, que não tenha um sentido e seu objetivo. É ao lado disso que a maioria dos etnólogos passaram [sem se aperceber].
>
> Para nós, tudo é escola... nada é simplesmente recreativo (...). Quer seja pelos contos, pelos cantos, pelas palavras, nada, na África, é realmente uma simples distração. (...) A tradição oral é a grande escola da vida, ela cobre e concerne a todos os seus aspectos" (1994: 334-5).

Hamed Bouzzine, contador nômade do Saara, cuja sociedade também de tradição oral comunga de valores similares aos que descreve Hampâté Bâ, fala de sua compreensão dos contos como um meio de educar, que para ele significa também iniciar.

Os contos, segundo Bouzzine, são iniciáticos porque ensinam a compreender o meio ambiente, ou seja: a decifrar o sol, o céu, os sonhos, a saber onde se colocar, a qual linhagem você pertence. Por exemplo, ele diz: "eu tenho uma história que ensina como encontrar água no deserto, sob que flor pode haver água. As histórias ensinam a ocupar-se de ovelhas, de camelos, de vacas, de bezerros... Elas também ensinam sobre a passagem do poder, ensinam a deixar o grupo sem sofrimento, ensinam os valores do homem e da sociedade" (1987: 33).

Quando Hampâté Bâ fala em iniciação às regras morais, sociais e tradicionais, ele está se referindo a um contexto muito diferente do nosso. Hampâté Bâ diz da África: "Eu posso dizer que o profano não existe na África. Na velha África (...) tudo é religioso, tudo tem um objetivo, um motivo" (1984: 335).

Essa colocação nos leva ao terceiro nível de percepção, e também a procurar compreender em que proporções um instrumento de educação próprio para um contexto tão diferente do nosso pode ter uma dimensão educativa também no nosso mundo.

O terceiro nível

Enfim, o conto é dito iniciático na medida em que ilustra as atitudes a imitar ou a rejeitar, as armadilhas a discernir e as etapas a vencer quando se está engajado no difícil caminho da conquista e da realização de si mesmo.

"O conto não é gratuito, não é para crianças, fala ao homem do homem, do que vale a pena ser vivido" (Christophe Vallée, 1987: 26). O contador reúne-se ao tradicionalista quando pontua, por meio de sua percepção, o caráter iniciático do conto – que fala do que "vale a pena ser vivido".

Os etnólogos distinguem três tipos de iniciação: a tribal, a religiosa e a mágica. A tribal assegura a passagem da puberdade ao estado adulto; é uma iniciação profana, ligada a uma mudança biológica pela qual todo ser deve passar. Nesse tipo de iniciação integra-se a criança no mundo adulto.

A iniciação religiosa assegura a passagem do profano ao sagrado, permitindo integrar o indivíduo ao sagrado. A iniciação mágica ou xamânica exige o abandono da condição humana profana para ascender à posse de valores sobrenaturais.

Filosoficamente, sob aspectos diversos e por meio de diferentes fórmulas, a iniciação aspira sempre ao mesmo objetivo, que é o de introduzir o sagrado, afirma Françoise Gugliero (1982). A iniciação implica uma relação com o corpo, com o afeto, com a ética e até mesmo com o mágico.

A iniciação é própria das sociedades tradicionais, mas de alguma forma parece estar presente na vida do homem contemporâneo. Portanto, para trabalhar sobre esse nível teremos que nos reportar mais uma vez aos valores fundadores da sociedade tradicional.

Que relação pode haver entre a iniciação daquela sociedade e as buscas de autoconhecimento na sociedade contemporânea, e como o conto responde a anseios nesse sentido? Essa seria nossa questão.

A iniciação está relacionada ao "sentido da vida", que por sua vez associa-se à transcendência. Podemos depreender do discurso dos contadores algo em torno dessa busca, como se evidencia no comentário do contador Roberto de Freitas, que retornou às antigas questões metafísicas do homem:

> Sem dúvida, o pilar de sustentação mais forte, seja de que linha for, budista, cristã... seja o que for, isso é o que dá sabor,

dá suculência. Porque aí eu busco o entendimento acerca [das questões] de onde vim, para onde vou e de quem eu sou.

Nas posições de outros contadores de histórias, também vemos transpirar esse aspecto, quando utilizam termos que se associam naturalmente ao universo do "sagrado". Mas, ao usarem esses termos, ao mesmo tempo que denunciam sua sensibilidade a essa particularidade de sua "palavra", cuja origem está na natureza da Palavra, alguns tomam o cuidado de envolvê-los em ressalvas ou em pedidos de desculpas. Talvez por soarem "religiosos" demais para um mundo profano como o nosso. Esses termos são *energia, coisa essencial, elemento vivo, força* e *misticismo sem Deus*. Citaremos apenas algumas das falas que confirmam isso:

> Eu quis trabalhar sobre uma palavra que carregasse algo de essencial. Havia aí uma busca de espiritualidade, mas sem idealismo. (...) Um misticismo sem Deus (Abecera, 2001: 175).

> O conto nos diz algo extremamente discreto a propósito do sentido do mundo, (...) o cosmo, a energia, Deus, algo que é além de você e que você chama como quiser (Hindenoch, 2001: 301).

> O conto é portador de uma certa espiritualidade que nos consola de uma condição humana cada vez mais difícil (Zarcate, 1987: 6).

> Ela [a história] tem uma essência muito legal, ela tem uma energia muito interessante, então, quando eu falo dessa energia, vão falar: ih, o cara (...) espiritualismo assim, mas acho que tem. A história em si, ela tem muita força (...) por si só ela é uma coisa viva, (...) eu não posso falar que é um elemento, que é um ser, mas é uma coisa muito interessante (Roberto Carlos Ramos).

A estrutura mental do homem das sociedades tradicionais, que Eliade denominou *homo religiosus*, ancora-se numa representação de mundo em que o sagrado é a referência. Por meio dele, estabelece-se uma relação com o mundo na qual "natureza e sociedade não estão apenas interligadas pelos mais fortes vínculos; mas formam um todo coerente e indistinguível" (Cassirer, 2001: 183).

Formando uma grande sociedade da vida, os reinos mineral, vegetal, animal e a própria sociedade estão intrínseca e misteriosamente ligados numa cadeia de relações equânimes e interdependentes, e não há nenhuma linha de demarcação entre eles.

O uso e a função específicos da palavra baseiam-se "em uma profunda convicção da solidariedade da vida" (Cassirer, 2001: 183).

Para assegurar a continuidade da ordem e da harmonia, essa sociedade organiza-se em torno das tradições, das crenças, e se baseia na idéia de que "tudo" sempre foi assim e continuará sendo, porque a ordem que sustenta o mundo e dirige o destino das pessoas é imutável e fundamenta-se na tradição.

O ser humano tem como valores sagrados os que dão significado à sua vida e o colocam em sintonia com o universo. O sagrado define uma ordem graças à qual o homem recebe significados. Ele é uma ferramenta da metafísica, como disciplina de vida, e não um conceito intelectual. Por meio dele o homem da sociedade tradicional pode transcender os contrários e atingir a síntese, que possibilitará ao grupo social compartilhar valores que o ligam ao universo por uma rede de correspondências que governam seu destino[3].

Mircea Eliade, analisando a questão do sagrado no mundo moderno, nos dá algumas chaves que contribuem para um melhor entendimento da fala dos contadores de histó-

---

[3] TESSIER, Robert, 1991, pp. 65-6; SCHWARZ, Fernando, s.d., pp. 263-5; e ELIADE, Mircea, 1965, pp. 27-8.

rias. Segundo ele, para obter um mundo próprio, o homem moderno "correu" com todos os deuses e adotou um comportamento oposto ao do homem que o precedeu:

> O homem moderno a-religioso assume uma nova situação existencial: reconhece-se como o único sujeito e agente da História e rejeita todo apelo à transcendência. (...) *faz-se* a si próprio, e só consegue fazer-se completamente na medida em que se dessacraliza e dessacraliza o mundo. (...) o homem profano descende do *homo religiosus* e não pode anular sua própria história (...).
> (...) Todo ser humano é constituído, ao mesmo tempo, por uma atividade consciente e por experiências irracionais. Ora, os conteúdos e as estruturas do inconsciente apresentam semelhanças surpreendentes com as imagens e figuras mitológicas (2001: 165).

Eliade não se furta a afirmar que a crise existencial do homem moderno, a-religioso, coloca-o de frente para a velha questão da realidade do mundo e de seu lugar nesse mundo. Em outras palavras, ela o remete à ontologia e, por meio dela, à busca de um sentido real para a existência. Em suma:

> (...) a crise existencial é "religiosa" [não no sentido institucional, mas no sentido de *re-ligare*], visto que, aos níveis arcaicos de cultura, o *ser* confunde-se com o *sagrado*. (...) é a experiência do sagrado que funda o mundo (...) (2001: 171).

A história volta nos momentos em que a sociedade está com a razão tão aflorada que as pessoas querem buscar... ou buscam em drogas ou na religião. Aí eu comecei a entender um monte de coisas, porque eu buscava na história fugir dessa realidade que está aí, que é muito difícil. Eu nunca me droguei e também não sou muito de religião. (...) Eu busquei a história na minha vida nesse momento, que era questão de vida ou morte. Eu acho que hoje essa demanda pelo contador de histórias é a mesma angústia que eu senti e que todo o mundo sente. (...) Eu acho que é o próprio momento mesmo. (...) hoje não é nem tanto pela questão da razão como antigamente, mas é da tecnologia mesmo, dos meios de comunicação que só pregam o que você tem de consumir, que você tem que comprar, que o bonito é ser aquela menina lá, não é ser o que você é, se você não tiver o carro do ano... E aí você tem que buscar na história para entender em que lugar você está (Walkíria Angélica).

Eu diria que, hoje, o conto substitui Deus. Nesse desejo de uma espiritualidade que sinto atualmente, o conto é o último passo profano antes da palavra sagrada. É uma palavra sobre o ser, num mundo do ter. É uma palavra viva. (...) As pessoas buscam isso, e buscam igualmente o ensinamento que há nos contos (Zarcate, 1987: 9).

"O conto, que no domínio da espiritualidade está às portas do mito, e assim confrontado à busca universal do ser humano, para melhor viver e passar a provação da morte" (Barthelemy, 2001: 374), parece estar sendo uma opção para as pessoas cuja busca do entendimento de si mesmas no mundo é latente. Hoje já se sabe que o sagrado não é uma categoria da religião, embora a religião possa ser uma de suas possíveis traduções, como diz Paul Ellul; tampouco ele desapareceu do mundo moderno e contemporâneo. Ele é visto como uma função própria da psique, e a capacidade de experimentá-lo está ligada ao exercício do pensamento simbólico, segundo Georges Bataille[4].

Os contos, como os entende René-Lucien Rousseau (1988), podem assim ser inseridos no domínio do sagrado, uma vez que sua linguagem, bem diferente de um conceito, é simbólica. O equilíbrio da psique depende da atividade inconsciente com os símbolos e suas mensagens; "graças aos

---

[4] ELLUL, Paul e BATAILLE, Georges, citados por TESSIER, Robert, 1991, pp. 65 e 29.

símbolos, o homem sai de sua situação particular e se abre para o geral e o universal. Os símbolos despertam a experiência individual e transmutam-na em ato espiritual, em compreensão metafísica do Mundo" (Eliade, 2001: 173).

"De alguma forma, uma história não é mais que um instrumento para descobrir outra coisa" (Fauliot, 2001: 383). No caso do contador, quando ele próprio tem seus sentidos impactados pelo conto, começa a saber e a se perguntar sobre quem ele é, e adquire assim uma presença. O que você compreende no conto é apenas para você, mas isso o coloca num estado de vibração em relação ao mundo. Você começa a compreender melhor, a sentir melhor o que no conto era apenas um "perfume".

Os contadores podem contar sua vida porque encontram nela um sentido. Na vida não há apenas o material, há uma dimensão espiritual que eleva você além da natureza, além da besta (Zarcate, 2001: 391; 1987: 9).

> Toda oficina que eu dou, eu não sei se é porque eu falo da minha vida assim... sabe, eu tô falando de mim, então não é mentira, e não é exagero, acho que essa coisa de conseguir falar de mim pro outro, e de falar como a história abriu na prática. As pessoas falam que as oficinas são gostosas, são terapêuticas, elas vão pensando que vão usar tudo pra escola, chegam lá, não tem nada que é pra escola. Nada. Eu não dou nem um modelo, nada, nada, e as pessoas se abrem, se soltam, não sei. Então o retorno que eu tenho das pessoas é esse, às vezes me ligam: "Ah, aquela história que você contou mudou [minha percepção], manda ela pra mim (...)", quando você começa a ver a história com um olhar diferente do que vê o professor, acho que você cresce junto com ela (Walkíria Angélica).

Jung[5], cuja teoria analítica propõe a existência dos inconscientes coletivo e pessoal, descreveu-os da seguinte for-

[5] Citado por ROCHETERIE, Jacques de La, 1986, p. 13.

ma: o inconsciente pessoal recolhe tudo que recalcamos e o que ainda não percebemos, do nascimento à idade atual. São os medos, os desejos e outras tendências de nossa psique, incompatíveis com nosso eu. Os materiais contidos no inconsciente pessoal têm por característica o fato de poderem vir a ser conscientes.

O inconsciente coletivo é formado pelo conjunto dos instintos e seus correlativos, as "imagens primordiais" que ele chamou de "arquétipos".

O inconsciente coletivo é comum à coletividade humana. Ele foi elaborado a partir dos depósitos constituídos por toda a experiência ancestral depois de milhões de anos, e os ecos da pré-história, a cada século, enriquecidos de uma quantidade infinitesimal de variações e de diferenciações. É uma espécie de imagem eterna do mundo.

Essas experiências ancestrais, repetidas ao infinito, depois de tempos os mais distantes, se traduzem pelas representações suprapessoais – então universais – que deram nascimento aos deuses e aos heróis mitológicos, pela projeção dos arquétipos.

Pode-se afirmar que, no nível do inconsciente coletivo, mitologia e psicologia são sinônimos e que a sentença do templo de Delfos ("Conheça-te a ti mesmo e conhecerás o Universo e seus Deuses") nos convida a tomar consciência do inconsciente coletivo e de seus arquétipos a fim de nos realizarmos.

> É do cruzamento entre palavra coletiva e a história pessoal que nos apropriamos de um conto e podemos dar corpo a ele. É verdade que, se não transmitirmos o eco dessa palavra preexistente, nossa narração será um tanto desencarnada. Para que haja palavra viva, é preciso que essa antiga palavra encontre o eixo de nossa palavra de vivos, atravesse-a para realizar (…) um cruzamento em que se equilibram a memória coletiva do conto e sua ressonância particular em nós (Thiery, 2001: 185).

Se, por um lado, a teoria do inconsciente coletivo liga o homem profano ao seu ancestral religioso, por outro lado, a psicanálise, apesar de todo o ceticismo de seu criador, que reduziu radicalmente os fenômenos religiosos a fenômenos psíquicos, mantém ainda o padrão iniciático, próprio das sociedades tradicionais.

Na percepção de Mircea Eliade, pelo processo da psicanálise:

> (...) O paciente é convidado a descer muito profundamente em si mesmo, a fazer reviver seu passado, enfrentar de novo seus traumatismos – e, do ponto de vista formal, essa operação perigosa assemelha-se às descidas iniciáticas aos "Infernos" entre os espectros, e aos combates com os "monstros". Assim como o iniciado devia sair vitoriosamente das provas, em suma, "morrer" e "ressuscitar" para alcançar uma existência plenamente responsável e aberta aos valores espirituais, o analisado de nossos dias deve afrontar seu próprio "inconsciente", assediado de espectros e monstros, para encontrar nisso a saúde e a integridade psíquicas, o mundo dos valores culturais (2001: 169).

Rosana Montalverne, que redescobriu os contos numa oficina de formação de contadores, e Walkíria Angélica fazem um relato muito parecido de suas experiências com os contos num momento difícil de suas vidas, quando eles tiveram uma função de resgate. Elas identificam neles uma função terapêutica real:

> Em 1995, eu estava vivendo uma crise profissional, eu tinha sido transferida de cargo e de local de trabalho, e não estava feliz. E eu voltei pra Belo Horizonte muito melhor. Eu vi que tinha outras possibilidades, eu estava muito triste na época, numa fase de reconstrução, e as histórias realmente caíram assim como um bálsamo na minha vida, naquele momento elas me ajudaram a me levantar, sabe. E aí eu voltei com projetos, voltei sabendo de outras possibilidades que poderia empreen-

der, cheguei em Belo Horizonte e comecei a reescrever minha própria história. (...) Todo o mundo fala que as histórias têm efeito terapêutico, e eu acredito que tenham, sabe, quando eu voltei, eu voltei pensando na minha história até ali, lembrando o meu baú de histórias anterior e com vontade de escrever uma história nova. Então a história entrou na minha vida a partir daquele momento e foi um divisor, com toda segurança eu posso te falar que foi um divisor de águas. Então quando voltei para Belo Horizonte e revivi algumas coisas, eu me assentei melhor profissionalmente onde eu estava, e fiquei melhor, eu achei que as coisas melhoraram; embora eu não estivesse no local que eu gostava, comecei a achar que eu podia ficar bem. Eu comecei a contar histórias lá, à toa, as pessoas começaram a gostar disso, sabe (Rosana Montalverne).

Eu descobri que essas histórias começaram a mexer comigo, (...) um poder curativo mesmo. Ajudaram a enxergar alguma coisa que eu não conseguia enxergar. Inclusive, a ter esperança, a ter paciência com o outro, a me aceitar, sabe? Foi uma coisa muito mágica, que eu me pedi que as histórias fizessem por mim. Eu busquei respostas em vários pontos. Então, hoje, não é qualquer história que eu gosto de contar, ela tem que dizer alguma coisa, pelo menos para mim, depois para o outro. Então, na minha vida, a história marcou uma nova fase. De autoconhecimento, de buscar outros caminhos, de sair dessa questão só do material, sabe? De ver que não era bem por aí. Pra mim, história hoje é isso (Walkíria Angélica).

Na dimensão espiritual, o conto tem suas correspondências com o nosso próprio mundo interior. O mundo de significações ocultas, por trás das aparências das coisas, o mundo dos símbolos em que tudo é significante, em que tudo fala para quem sabe escutar.

Todos os acontecimentos, animais e símbolos encontrados nos contos iniciáticos são como espelhos que devolvem ao homem sua própria imagem sob ângulos diferentes. Toda a natureza, tudo em torno, o mundo, enfim, é um livro aberto pleno de significados, de símbolos. O homem que busca o sentido de sua vida deve aprender a decifrar esse livro (Hampâté Bâ, 1994: 333-8).

No nosso empenho em verticalizar a "palavra" do contador de histórias, o primeiro ponto com o qual deparamos foi a dificuldade em definir com precisão qualquer um de seus aspectos, como já comentamos anteriormente.

Essa "palavra" só pode ser abordada como um todo composto de elementos indissociáveis, que se mesclam e se confundem numa urdidura firme.

Neste capítulo, esta característica fica clara: uma mesma fala de um contador pode ajustar-se em muitos níveis de percepção. Decidimos, em vez de insistir na busca da clareza e da precisão, próprias à natureza de qualquer pesquisa científica, seguir o curso que nos era apontado pela natureza e pelas características próprias dessa "palavra". Fluímos nos orientando ora pela bússola do tradicionalista, ora pela percepção dos contadores. Buscamos os teóricos quando conceitos, noções ou definições pudessem ser esclarecedores. Tudo que podemos afirmar é que, como um organismo dinâmico, a "palavra do contador" é viva e mutante; ela pulsa, respira e escorrega quando se tenta prendê-la, mas pode ser muito generosa com aqueles que sabem respeitá-la em suas particularidades.

> Compartilhada numa relação direta entre o contador e seus ouvintes, ela se torna evento, acontecimento. Efêmera, bela e justa no instante desse compartilhar, ela no entanto se empobrece quando retirada de seu contexto. Ligada ao momento exato que a faz nascer, ela respira por meio do ouvinte que a deseja (Hindenoch, 2001: 301-2).

Capítulo II
A palavra que cria: poética dos contadores de histórias

*"Eu contei essa história, que outros antes de mim
contaram, eu a derramei na taça de suas memórias
para que vocês a levem..."*

Além da singularidade de sua palavra, a poética dos contadores de histórias – própria do estilo oral – é constituída pela *performance* que, ao mesmo tempo que é um elemento, é também o principal fator constitutivo dessa poética.

Paul Zumthor focou como objeto de estudo no campo da teoria e da crítica literária um elemento até então estudado apenas pela medicina e pela fonoaudiologia: a voz. Ele tratou a oralidade como uma abstração e em 1987 escreveu: "Somente a voz é concreta, apenas sua escuta nos faz tocar as coisas." Esse deslocamento implica o estudo da *performance* – a voz viva, em presença do corpo, e com isso a consideração do sujeito no discurso, mais do que as formas lingüísticas.

"Uma grande variedade de campos irá depreendendo da cena performática os elementos mais significativos, dos quais destaca o gesto como o mais essencial e intimamente ligado à voz."[1] Outros elementos, como a indumentária, o instrumento musical, o acessório, as circunstâncias: o tempo, o lugar, a ocasião social em que se dá a *performance*, apli-

---

[1] QUEIROZ, Sonia, 1998, n.º 43, pp. 18-21.

cada à poesia oral, ao canto e à dança, são também objetos de seus estudos, e aqui serão nosso oriente ao tratarmos dos elementos que compõem a arte do contador de histórias.

As considerações de Geneviève Calame-Griaule sobre o "estilo oral" dos contadores do deserto, mais particularmente de um contador tuaregue nigeriano e povos da África setentrional como os dogons, serão igualmente de grande valia:

> Digamos, em termos simples, que na oralidade o estilo é a maneira de se servir ao mesmo tempo da língua falada e dos meios orais de expressividade. Também propomos definir o estilo em termos de variação, de diferença de nível entre a língua da conversa coloquial e a da formulação "literária" que implica uma preocupação estética. (...) mesmo quando se conta com palavras simples, sem preocupação excessiva, o ritmo do discurso, as entonações, os gestos são diferentes (e também a sintaxe, o tempo dos verbos, as preposições etc.) (Calame-Griaule e Bloch, 2001: 153).

Por fim, ao lado desses, acrescenta-se o depoimento dos próprios contadores, daqui – os que colaboraram com esta pesquisa – e os de além-mar que consultamos por meio de suas entrevistas e artigos.

Os estudos de Marcel Jousse sobre o estilo oral, embora muito antigos, também devem ser lembrados obrigatoriamente num estudo como este, que aborda a questão da poética dos contadores de histórias.

Jousse chamou a atenção para as culturas "verbo-motoras" – termo que, segundo Ong (1998), ele usou para se referir principalmente às culturas antigas, hebraica e aramaica e outras adjacentes, que tinham algum conhecimento da escrita mas permaneciam basicamente orais. Nessas:

> Ao contrário do que ocorre nas culturas de alta tecnologia, desenvolvimentos de ação e atitudes em relação a questões de-

pendem significativamente mais do uso efetivo de palavras, e portanto da interação humana, e significativamente menos do contato não-verbal, muitas vezes predominantemente visual do mundo "objetivo" das coisas (Ong, 1998: 81).

Em sua primeira obra, de 1925, *Le style oral rythmique et mnémotechnique chez les verbo-moteurs*, Jousse diz que "é com esses gestos de ações, agindo sobre outras ações, é com esses gestos interacionais que o homem conserva em si suas expe - riências e mesmo as projeta, em 'mimogramas' pintados ou esculpidos, nos seus primeiros hieróglifos" (1974: 12).

Ao propor a observação do "estilo oral", em oposição ao "estilo escrito", Jousse abriu as possibilidades de análise ao que é próprio da oralidade, sem ter por matriz os códigos próprios ao estilo escrito, como só se costumava fazer anteriormente e ainda por algum tempo. Segundo Finnegan[2], citado por Ong (1998: 16-7):

> Apesar das raízes orais de toda verbalização, o estudo científico e literário da linguagem e da literatura, durante séculos e até épocas muito recentes, rejeitou a oralidade. Os textos exigiram atenção de um modo tão ditatorial que as criações orais tenderam a ser consideradas geralmente como variantes de produções escritas ou, quando muito, sob rigoroso escrutínio acadêmico. Apenas recentemente fomos tomados de impa - ciência diante de nossa insensibilidade nessa questão.

Há algumas décadas, e influenciados por essa nova cor - rente de pensamento, a oralidade em todas as suas manifestações passou a ser objeto de estudo privilegiado em dife - rentes áreas do conhecimento. Além dos antropólogos e etnólogos, também lingüistas, cientistas sociais... descobri - ram a África.

---

[2] FINNEGAN, Ruth, *Oral Poetry: Its Nature, Significance, and Social Context*. Cambridge, Inglaterra: Cambridge University Press, 1977, pp. 1-7.

No dizer de Zumthor, "a África das independências – à medida que, desde o início dos anos sessenta, ela afundava na injustiça e na miséria de um 'desenvolvimento' concebido fora dela – aqui e ali se reapropriava de certas tradições poéticas antigas" (1983: 275).

A resistência em entregar-se total e passivamente ao colonizador, com seus valores "civilizadores", fez dela esse celeiro do antropos *in natura*. O próprio Zumthor, entre 1980 e 1981, foi beber de suas águas, em busca de viver a experiência da *performance*. Ele relata, a propósito dessa experiência[3]:

> Pude fazer (eu o desejava há muito tempo) uma estada de três meses na África negra. Tirei disso um imenso proveito pessoal. Empenhado há dois ou três anos em pesquisas sobre a poesia oral, eu pedia à África (onde as tradições orais conservam uma certa vitalidade) que me oferecesse oportunidades, muitas vezes banais, de me colocar na situação de ouvinte "leigo", de "receptor", em um meio apenas tocado pela escrita: quer dizer, fazer em mim mesmo, psiquicamente e fisicamente, a experiência da *performance*. Os meses que passei na África trouxeram-me assim elementos inestimáveis para a constituição do dossiê que se tornou o meu *Introduction à la Poésie Orale*.

Zumthor utiliza o termo *performance* na acepção anglo-saxônica. Assim, ela é "a ação complexa por meio da qual uma mensagem poética é simultaneamente transmitida e percebida, aqui e agora. Locutor, destinatário, circunstâncias (...) se encontram concretamente confrontados" (1983: 32).

Na comunicação poética oral, ao que é dito por meio da voz e do gestual, corresponde uma situação de escuta, do público que "vê" o contador no momento em que ele comunica.

A conjunção desses elementos que sintetizaríamos como a tríade tempo, lugar e pessoas cria o evento da *performance*

---

[3] ZUMTHOR, Paul, *Écriture et nomadisme*, p. 23 [da ed. fr.]. Trad. Suely Fenerich e France, citado por QUEIROZ, Sonia, 1998, n.º 43, pp. 18-21.

poética, que só pode ser compreendida e analisável sob o ponto de vista de uma fenomenologia da recepção. Como confirma nosso colaborador Roberto Carlos Ramos: "o contador de histórias tem que se valer de todos os elementos que tiver disponíveis para atingir [o outro]" porque, completa Zumthor (1983: 193), "a oralidade implica tudo aquilo que em nós se destina ao outro: seja um gesto, um olhar".

Calame-Griaule (2001) dizia dos contadores africanos com quem trabalhou que eles têm total consciência da importância dos gestos e das entonações para a transmissão da mensagem. Eles costumam dizer que isso "dá gosto ao conto". A preocupação estética está, portanto, diretamente associada ao prazer de estimular as reações do público, de agradá-lo.

Mas a *performance* é, também, instância de simbolização: de integração da nossa relatividade corporal na harmonia cósmica e, pela voz, de integração da multiplicidade das mudanças semânticas na unicidade de uma presença.

Por último, ela implica totalidade e competência. Além do *savoir faire* e do *savoir dire*, o *savoir être*, no tempo e no espaço, são as condições necessárias à sua configuração. É pelo corpo que somos tempo e lugar, e a voz é a emanação do que somos[4].

Inspirando-nos neste tripé: *savoir faire, savoir dire* e *savoir être*, sugerido por Zumthor, e adaptando-o às necessidades deste estudo, trataremos a seguir dos elementos que constituem a *performance*.

1. O *SAVOIR FAIRE*

O *savoir faire* na *performance* do contador de histórias, no nosso caso, dirá respeito ao fazer, intimamente ligado à co-

---

[4] ZUMTHOR, Paul, 1983, pp. 147-9.

municação por meio do sentido da visão. Roberto Carlos Ramos comenta sua situação de contar histórias nos Estados Unidos, sem falar uma só palavra de inglês, tendo portanto que ser traduzido simultaneamente por uma mulher de voz linda:

> (...) eu contava a história com movimentos; quando a moça traduzia, eu ia fazendo os movimentos na tradução dela, como se eu estivesse falando ao mesmo tempo. (...) Eu tive que rebolar para passar a minha [mensagem], porque só a palavra da minha tradutora era ouvida, a interação seria com ela.

É o fazer do corpo, que traduz em movimentos e gestos, ou gestualidade, o discurso oral. São também os recursos utilizados para incrementar esse fazer: a indumentária, o cenário e os instrumentos musicais, que poderiam ser situados na fronteira entre os sentidos da visão e da audição.

O gesto não é ornamento na palavra poética, e o contador é julgado tanto pela sua memória e pelo seu repertório quanto por seus gestos[5].

Por mais que você esteja comprometido com a palavra, diz Roberto de Freitas, "(...) o corpo vem como um grande instrumento (...) no meu caso é cinqüenta por cento corpo, e cinqüenta por cento voz, eu não conseguiria contar com os braços amarrados".

A gestualidade, segundo Zumthor, vem sendo estudada desde o final do século XIX e início do século XX pelos etnólogos. Em 1881, G. M. Mallery publicou suas observações sobre a linguagem dos gestos dos índios americanos das grandes planícies, obra que foi reeditada vinte e quatro anos mais tarde.

Marcel Jousse, em uma obra clássica *L'anthropologie du geste*, organizada a partir de seus cursos na École d'Anthropologie – Sorbonne em 1955, diz:

---

[5] ZUMTHOR, Paul, 1983, pp. 160-93.

Alguns centímetros de filme, que tivessem gravado os primeiros gestos humanos nos longínquos tempos milenares, teriam nos ensinado muito mais sobre as origens do homem que a meticulosa análise dos crânios e dos fêmures. O gesto é o homem (...) o gesto humano não é metafórico (...) é a energia viva que impulsiona esse conjunto global que é o *antropos*: *vita in gestu* (1974: 50).

Todos os meios de expressão têm origem na própria cultura e estão colados à mensagem que se quer transmitir.

Quando um conto é levado de uma cultura a outra, ele deve passar por um processo de adaptação, caso contrário não comunica. Sua estrutura simples e arquetípica facilita esse processo, mas não é o suficiente para que em suas migrações encontre sempre ouvidos acolhedores.

Na história do Rumptilztikin, havia palavras (...) que não faziam parte da nossa linguagem hoje: *fiar, roca*. O que é uma máquina de fiar? É muito melhor ser mágico, não é? Bibiti, bibiti, pow! Transformava em ouro, (...) assim eu vou incorporando elementos na história, pela própria reação da platéia, sem afetar o esqueleto da história (Roberto Carlos Ramos).

Além do que se conta com a voz, é necessário adaptar os gestos, não por necessidade estética, mas em função do sentido profundo da mensagem, pois o "talento do contador consiste em recriar seu relato, usando as referências de sua cultura" (Calame-Griaule, 2001: 158).

É o caso de usar os gestos em substituição a um enunciado considerado muito forte para ser pronunciado. Calame-Griaule ilustra essa situação com o seguinte relato:

No conto "Pele de asno", há um episódio em que o filho deve matar o pai, que teria tentado roubar-lhe a mulher. O trecho começa assim: "O pai levantara os braços para fazer suas orações." A velha contadora trabalhou da seguinte forma: "No momento em que seu pai, com os braços levantados, pronunciava o início das preces, ele brandiu sua lança assim: (gesto seguido de um longo silêncio)... as pessoas carregaram seu corpo e o enterraram. Nesse silêncio e nesse gesto o filho matou o pai." Ela comenta: "Por meio de um procedimento simples, próprio do estilo oral, a velha contadora obteve um efeito particularmente dramático e exprimiu o indizível" (2001: 156).

Culturas diferentes expressam de maneiras diferentes sentimentos e emoções, e a ciência dos gestos é apreendida por meio da experiência na cultura.

O contador pode evoluir em sua gestualidade como quiser, mas sempre dentro de um quadro que respeite a cultura. Para Walkíria Angélica:

> O gesto é muito importante, ele [o contador] fala muito através de sua gesticulação, então, isso é uma coisa que tem que ser observada na medida. A expressão corporal do contador é fundamental, sentado ou em pé ele deve se comunicar.

Assim, o grau de dramatização pode variar de acordo com a personalidade do contador, ou mesmo estar relacionado às estruturas narrativas. Num relato cômico, ou regionalizado, por exemplo, os gestos seguirão essa tendência. Igualmente acontece de as especificidades de um público requererem ajustes, mas sempre estarão de acordo com a cultura (Zumthor, 1983: 158).

> Eu tive a experiência de contar histórias numa escola de reabilitação. Meninos portadores de deficiências, eles tinham paralisia cerebral. As minhas colegas que estavam junto falaram: o que nós vamos fazer aqui? Eles não vão entender nada. Alguém propôs contarmos a história que estávamos contando, e contaram. Os meninos lá: AAAAA [imita os meninos], eu fui contar uma história e percebi assim, acho que eles não vão entender a minha palavra, mas quem sabe o meu corpo

eles podem entender. Eu nunca fui tão cênico como naquele dia, eu exagerei na minha *performance*, porque eu achava que só a palavra não seria suficiente, que o corpo teria que contar a história, eu teria que tocar aqueles meninos para que eles percebessem. Era uma história que falava uma palavrinha, era uma galinha que queria ensinar os pintinhos a falar coca-cola, fanta, e os pintinhos falavam assim: tota-tola, fanta, tota-tola, fanta. Depois de contar a história, nós estávamos indo embora, meio deprimidos, achando: nossa, não funcionou nada. Um menino, que estava sendo levado numa cama, não era nem cadeira de rodas, era uma cama, ao passar por nós falou: tota-tola, fanta, tota-tola, fanta. Aí, pra gente foi uma coisa muito legal. Eu percebi que naquele dia havia funcionado. Eu usei todos os meios de comunicação para atingir aqueles meninos, eu toquei os meninos, eu usei mímica, onomatopéia (Roberto Carlos Ramos).

Cada público tem sua especificidade. Criança é uma linguagem, adolescente é outra (Roberto de Freitas).

Segundo Zumthor, em algumas regiões africanas, caso dos ewés e dos iorubás, por exemplo, o grau de dramatização quase se confunde com o teatro. Em outras, a gesticulação se dá apenas na parte superior do corpo, membros superiores e cabeça. É o caso dos tuaregues, cuja gestualidade se dá dentro de um espaço cujas dimensões extremas vão da cintura ao occipital e de uma mão a outra, com os braços meio abertos. A essa espacialidade Calame-Griaule chamou *carré du conteur* (Zumthor, 1983: 198).

O gesto produz figurativamente as mensagens do corpo. A gestualidade se define então (como enunciação) mais em termos de distância, de modelização, que como sistema de sinais. Mais que regida por um código, a gestualidade submete-se a uma norma que por sua vez procede de uma estruturação do comportamento ligado à existência social. Mas, independentemente de como o grupo social orienta ou limita a função do gesto, sua função na *performance* sempre manifestará o laço primário que liga o corpo humano à poesia.

Encontrar os gestos convenientes, adequados, "na medida", como disse Walkíria Angélica, é uma arte em todas as culturas. Zumthor ainda observa, a esse respeito, que quanto mais elaborada é uma arte do corpo, diferenciando-se do banal, maior é sua restrição em função das regras que explicitam a adequação pedagógica. Um exemplo que nos dá é o do *rakugo* japonês, em que a codificação do gesto parece predominar sobre o texto.

No ato de contar, voz e gestos devem se complementar. O gesto acompanha o enunciado. O significado de um termo ou de uma idéia que se pretende transmitir pode ser reforçado pelo gesto que lhe corresponda. Mas o gesto não deve ser redundante, sua função não é repetir *ipsis litteris* o enunciado; na realidade ele se mistura ao enunciado, diz Calame-Griaule (2001).

Os gestos, da mesma forma que a entonação e o ritmo expressos pela voz, devem favorecer a veiculação da mensagem, confirma Roberto Carlos Ramos, cujo domínio da gestualidade expressa exatamente essa sutileza, não da redundância, mas do fluir do gesto correto em relação à enunciação:

> Nós temos todos os tipos de ouvintes, não podemos esquecer que há também pessoas que não (...) estão preparadas para ouvir histórias [seja] pela distância [seja] por problemas de audição. Então se for só a fala, a fala nada mais é do que trinta por cento da nossa capacidade de convencer, (...) a entonação é responsável por grande coisa, mas seu corpo também tem que contar aquilo que precisa, sabe, ele tem que falar (...) cada palavra tem um movimento que corresponde a ela, então se tiver uma pessoa surda lá atrás, ela vai entender o que estou falando porque pode ter um movimento, a mímica pode anteceder a minha fala, ela pode ser simultânea, ela pode ser posterior à minha fala. O meu movimento ajuda bastante.

A gestualidade própria do contador requer uma totalidade; ela recusa a distância interpretativa e elimina a alegoria, afirma Zumthor (1983: 193), porque, "quando a pessoa vive a história, todo o corpo funciona, a adrenalina percorre o corpo, tudo faz parte do momento" (Roberto Carlos Ramos).

O estilo oral permite dramatizar o conto, no sentido etimológico de "colocar em ação (drama), o que de forma alguma significa teatralizar"[6].

Eu percebo que o que toca muito é o contador que tem um jeito menos teatral; um jeito menos teatral realmente é melhor (Rosana Montalverne).

Eu não gosto de contador muito teatral (Walkíria Angélica).

Daniel L'Homond lembra que no início de sua "carreira" de contador de histórias costumava fazer muitos "gestos parasitas", que não diziam nada. Aos poucos ele aprendeu a servir-se dos gestos em harmonia com as palavras. "É um longo aprendizado. Na nossa região, os bons contadores são muito velhos, o que prova que é necessário se dar tempo para aprender" (2001: 168).

Um laço funcional liga de fato a voz ao gesto. Juntos, eles compõem o sentido. Como a voz, o gesto projeta o corpo no espaço da *performance*. (...) A palavra pronunciada não existe (como faz a palavra escrita) num contexto puramente verbal (Zumthor, 1993: 244).

A expressão do rosto também é relevante, pelo valor simbólico dos músculos do rosto e por suas poucas possibilidades de movimentos:

[6] CALAME-GRIAULE, G., 2001, pp. 155-7.

O gesto é fundamental, a espontaneidade, a voz e o olhar. O olhar também a gente não pode deixar de falar. Essa coisa que o ator não olha direito e que o contador olha, como que presenteando o outro mesmo. À medida que você conta a história e que você dá aquela parada no outro, mesmo sem conhecê-lo... não sei por que a gente escolhe um ou outro para olhar mais, com um tempo maior... mas como que isso mexe com a pessoa (Walkíria Angélica).

Ter uma ligação com o olhar eu acho fundamental, o olhar da pessoa (Rosana Montalverne).

As culturas atenuaram essa característica de duas maneiras: pela careta, que amplia a visibilidade do gesto (caso, sobretudo, do ator e do palhaço...), ou pela máscara, que fixa o traço além da possibilidade gestual. No caso do contador, a mímica que em todas as culturas reveste a *performance* poética costuma ajudar a ampliar, não apenas no corpo, mas também no rosto, a intenção do discurso[7]. "Mas não é a mímica banal, tem que ter cuidado", adverte Roberto Carlos Ramos, que relata sua experiência em oficinas:

> Eu mandava as pessoas fazerem mímica de alguma coisa, eu colocava num papelzinho: imite uma cobra. Havia pessoas que tinham que rastejar, achavam que tinham que rastejar no chão, colocavam a língua para fora, para baixo, para cima, no chão, se sujando todas. Eu falava: não, uma cobra pode ser uma coisa na mão, fazendo ziguezague com a mão.

Também os "gestos zero" são extremamente significativos na *performance*. Da mesma forma que na vocalização poética o silêncio tem uma função precisa, a gestualidade pode integrar de maneira significativa os "gestos zero".

> As pausas, eu acho que são fundamentais, sabe? Aquele silêncio e... (Walkíria Angélica).

[7] ZUMTHOR, Paul, 1983, pp. 197-8.

Também o contador de histórias contido, aquele que está preocupado não com o teatro, não com o visual, mas em como colocar a sua emoção na voz, é legal (Rosana Montalverne).

A imobilidade do corpo pode reportar a uma sacralidade, à presença dos ancestrais no discurso. Talvez as referências aos fragmentos de uma tradição de ensinamento iniciático, motivando essa imobilidade, nesse caso apenas o olhar ou um gesto extremamente econômico das mãos, produzam esse efeito.

O corpo molda o discurso, com os gestos que engendra no espaço, explicitando, num desenho em movimento, a forma externa do poema. É essa forma que subsistirá na memória depois que as palavras se calarem.

O gesto funda assim a unidade temporal, experiência estética da *performance* (Zumthor, 1983: 193-206). Para Walkíria Angélica:

> É à medida que o contador conta sua história que o (ouvinte) tece as imagens [desenho no espaço da *performance*]. Esta é a capacidade que [deve] ter o contador de fazer com que o outro crie imagens, para que ambos [contador e ouvinte] possam viajar juntos.

Nesse processo do puro desejo de encantar, há contadores que para seduzir ainda mais, pelos olhos, lançam mão de alguns recursos adicionais: indumentária, cenário, instrumento musical, além de sua própria gestualidade e de sua voz.

A contadora francesa Catherine Zarcate costumava levar com ela um instrumento musical indiano, o tampura, de uma só corda, cujo som grave produzia um eco que evanescia lentamente.

Antes de começar a contar, ela apresentava seu instrumento, dedilhava em sua única corda e advertia a platéia sobre o motivo de tê-lo escolhido para acompanhá-la. Sem nenhum talento musical, aquele era o único instrumento que seria capaz de tocar.

O instrumento era magnífico em beleza, e seu som ressoava no ambiente, causando um impacto na platéia e preparando a atmosfera para que ela começasse a contar.

Para Zumthor, um instrumento musical pode exercer uma função tanto dêitica quanto simbólica, como parece ser o caso de Catherine Zarcate.

O contador Roberto de Freitas, quando perguntado sobre o significado que teria para ele o tambor, que sempre o acompanha, e o figurino que costuma usar, um colete, uma calça e uma camisa escuras e um chapéu, deu a seguinte resposta:

> O significado é estar diferente, porque esse figurino, por exemplo, é um figurino que trata de elementos da terra, a cor dele, o tambor. O tambor também é um tambor que trabalha a cor da terra (...) eu tenho trabalhado muito essa cor terra (...) Pelo fato de você estar de chapéu, tocando bumbo, chegando, cantando, já se diferencia desse eu impenetrável (...) já me facilita [referindo-se à atitude da platéia]. Quem é esse? O que ele quer dizer, para que ele veio? Ele deve ter alguma coisa a dizer que seja diferente, então vamos escutá-lo. (...) Isso me permite romper o bloqueio, já me facilita. E para te falar a verdade, quando estou de boné, fico pouco à vontade para contar, a minha indumentária me dá energia, ela me dá forças.

A roupa do contador assume valores diversos. Neutra, desprovida de sinais excêntricos, ela confunde o contador com os assistentes ou ouvintes. Nesse caso, apenas o papel que ele representa ali, de porta-voz, faz com que ele sobressaia dessa aparente banalidade.

Em outras situações ou circunstâncias, a roupa concorre com sua apresentação geral, e qualquer detalhe apresentado como fora do comum pode estar associado aos estereótipos de beleza ou de força no grupo social.

Às vezes ocorre de uma roupa ou de um ornamento se ritualizarem. Investindo-se de valores simbólicos no grupo social, por meio deles o contador transpõe um limite: de um lado, ele é a pessoa comum; de outro, o contador que provisoriamente encarna uma função no grupo.

O contador Roberto Carlos Ramos tem uma história sobre a sua capa que remete a essa situação:

> Já tentei ficar sem a capa, mas as pessoas cobraram, quedê sua capa? Ficou a minha marca registrada. E ela já está tão cheia de energia (...) uma vez eu contava histórias de lobisomem e de mula-sem-cabeça, e falava que aquela capa era como se fosse o manto de Nossa Senhora, que me protegia de qualquer coisa ruim (...), quem tocasse naquela capa estaria protegido. E uma vez contei a história para duas mil crianças, e as duas mil pegaram na minha capa para ficarem protegidas. (...) É o único elemento extraordinário que eu utilizo ao subir no palco (...) infelizmente hoje o ator usa muito o cenário para convencer as pessoas de que alguma coisa tem que acontecer, de que alguma coisa vai ser diferente. Então tem um palco de dez metros por dez metros e só uma pessoa de roupa comum, fica muito vazio. A capa, ela quebra isso, eles falam, o que é aquilo? É uma coisa extraordinária, é uma coisa diferente. Aquilo, oh! A capa. Eu uso para iniciar, para chamar a atenção, para ser extraordinário. E de repente, durante as histórias eu posso tirar a capa, a partir do momento em que eu já as enganchei, já as fisguei, as minhas palavras já estão nos ouvidos delas, eu posso então trabalhar sem a capa, porque elas já estão envolvidas. Mas, quando eu saio, eu coloco a capa, porque tem que encerrar aquela coisa também.

A capa do contador torna-se o emblema que perpetua as experiências vividas ou sonhadas pelo grupo. Não se trata mais de uma simples capa, ornamento estético, desvinculado de sentido. A capa é transmutada em símbolo e integra a memória da unidade, compartilhada no espaço e no tempo comum da *performance*. Ela tem sua própria história e faz parte da história do grupo.

> Já se criou alguma coisa mítica com a minha capa, é uma capa marroquina, na verdade existia aquela história dos primei-

ros contadores de histórias, embaixadores das maravilhas. Eram aqueles peregrinos que se atreviam a sair do feudo, na Idade Média, na Europa, num lombo de burro, ou de um castelo para o outro, e existiam os salteadores, mas eles funcionavam como se fossem os correios, os carteiros, eles levavam as notícias de um lado para o outro, e geralmente usavam uma capa para se proteger na estrada (...), geralmente era uma capa de retalhos (...) mas no Marrocos também as pessoas que se atrevem a entrar no deserto usam essa capa (Roberto Carlos Ramos).

Os elementos visuais desempenham um papel importante na impressão do ouvinte. Além do corpo que fala, o cenário e tudo o mais que atrai os olhos corrobora para que o assistente-ouvinte mergulhe numa temporalidade outra, diversa desta da realidade concreta. *Momentum* capaz de interromper o fluxo da existência histórica para arremessá-lo a uma dimensão de criação capaz de encadear numa ativação simultânea todos os sentidos.

Eu tenho saias, eu gosto de contar de saia, de sapatilha baixa ou descalça. Eu tenho um avental que encho de coisas, e os meninos avançam no avental e tiram tudo, eu coloco uns bichos, umas dentaduras, umas coisas nojentas. Mas eu deixo que eles brinquem até. E tenho as malas. A cada dia eu uso menos recursos materiais, mas faço questão de ter um pandeiro, de ter alguma coisa. Dependendo do tipo de histórias eu coloco um anel de caveira, alguma coisa assim. Quando a história é de terror eu peço para colocarem um pano na sala, para ficar um ambiente mais... sombrio. Normalmente é isso, um tapete, uns lencinhos, uns filós na sala, e as malas (Walkíria Angélica).

Um dinamismo vital liga a palavra que se forma ao olhar que se dá e à imagem que nos proporcionam o corpo do outro e sua roupa. O intérprete, na sua *performance*, exibindo seu corpo e seu cenário, não atrai apenas a visão (Zumthor, 1983: 193).

Capas, malas e saias, dentaduras e outras coisas tão "nojentas" quanto curiosas estimulam, além da visão, a tactilidade.

O contador se oferece ao desejo de seu ouvinte de conhecer o visto e o ouvido também pelos outros sentidos: cheirando, pegando, provando: "Eu o vejo, o escuto, e virtualmente [ou não] eu o toco: virtualidade próxima, fortemente erotizada: um nada, uma mão estendida seria suficiente" (Zumthor, 1983: 193).

Tanto quanto o movimento corporal, as roupas, os cenários, os instrumentos musicais são um evento do mundo visual e tátil; a voz constitui um evento do mundo sonoro, e há mesmo contadores que apostam nela todas ou quase todas as "fichas". Segundo Rosana Montalverne, "o contador de histórias é uma pessoa que conta só com a própria voz, com um ritual mínimo, e com cenários leves. O figurino pode ser o mais simples possível, é só a voz mesmo". Genardiere e Vermeulin concordam:

> Nós sempre acordamos à palavra nua a maior importância. O músico intervém nos intermédios, e muito excepcionalmente no transcorrer do conto. Enfim, nós insistimos também sobre a simplicidade de cada contador, que se sabe único, e que deve saber reconhecer o outro como único (2001: 306).

2. O *SAVOIR DIRE*

O *savoir dire* nos remete à palavra falada como linguagem vocalizada, fonicamente realizada na emissão da voz (Zumthor, 1983).

"A Palavra nasce da fusão da voz com a palavra. A voz é, assim, mãe da palavra e geradora da magia." Antes de tudo ela é um instrumento que, para soar, requer energia. Essa energia é o sopro (Camille Bierens de Haan, 2001: 163).

Segundo Zumthor, a palavra é sopro criador que emana do corpo e é sua parte mais leve. Ultrapassando sua dimensão acústica, a voz é também a parte menos limitada do corpo.

Ela é habitada pela palavra, mas é anterior a ela. Seu nome é espírito: em hebraico *rouah*; em grego *pneuma*, mas também *psique*; em latim *animus*. O que ela nos traz, anterior e interiormente à palavra que veicula, é uma questão sobre os começos, sobre o instante sem duração em que os sexos, as gerações, o amor e o ódio eram um.

Na compreensão do homem das sociedades tradicionais, "a força interiorizadora do mundo oral tem uma ligação especial com o sagrado, com as preocupações fundamentais da existência" (Ong, 1987: 88), como mostra Hampâté Bâ (1981) em seu relato sobre a constituição da palavra para os povos da tradição bambara:

> *Maa Ngala* depositou em *Maa* as três potencialidades: poder, querer e saber, mas todas essas forças, das quais ele é herdeiro, repousam como forças mudas, estáticas, até que a palavra venha para colocá-las em movimento.
> Graças à vivificação da palavra divina, essas forças começam a vibrar. No primeiro estágio elas se tornam pensamento, no segundo tornam-se som e no terceiro, palavra.
> A palavra é então considerada como materialização ou exteriorização da vibração das forças divinas.

Na Bíblia, diz Zumthor, foi o sopro de Deus que engendrou o universo, como engendrou o Cristo. Mesma conotação sagrada, também para os teólogos do século XVI, segundo os quais a voz nos religa ao Único: o Verbo.

Para Jung, diz ele, "a evocação da voz faz vibrar qualquer coisa que nos diz que realmente não estamos sós" (Zumthor, 1983, pp. 11-2).

Simbolicamente, a voz é soprada no indivíduo desde seu nascimento. No inconsciente ela é "uma forma arquetípica:

imagem primordial e criadora, ao mesmo tempo energia e confirmação dos traços que predeterminam, ativam, estruturam em cada um de nós suas primeiras experiências, seus sentimentos, seus pensamentos" (Zumthor, 1983: 12). A criança assimila a percepção auditiva ao aconchego anunciado pela voz materna, ouvida no contato íntimo do corpo, que aquece e produz sensações musculares relaxantes – ou à austeridade protetora da lei significada pela voz do pai. Assim, a imagem da voz, escapando das fórmulas conceituais, mergulha suas raízes numa zona do vivido, e que se pode apenas pressentir: existência secreta, sexuada, com implicações de tamanha complexidade que fazem transbordar todas as manifestações particulares.

As emoções mais intensas suscitam o som da voz, raramente da linguagem. O grito primal, o grito das crianças brincando, o grito de quem sofre uma perda irreparável, o grito de guerra: plena voz, contestação de toda redundância, explosão do ser em busca da origem perdida, do tempo da voz sem palavra[8].

Pierre N'Dak (1984) relata um preâmbulo utilizado pelos contadores africanos N'zima que se constitui de uma troca de gritos estereotipados sem significação alguma, entre o contador e seus ouvintes.

O contador grita:
– Akono – oo ya!
Os ouvintes respondem:
– Ooo ya!
O contador:
– Edawulaé ée!
Os ouvintes:
– Eéeh!
Por fim o contador diz:
– Escutem meu conto!

---

[8] ZUMTHOR, Paul, 1983, pp. 12-3.

Em seguida, comenta que apenas a última frase tem sentido e constitui a fórmula inicial propriamente dita. O objetivo dessa troca de gritos, diz ele, "é obter o silêncio dos ouvintes e estar seguro de que estão prontos a escutar. (...) Fórmulas desse tipo visam introduzir os ouvintes num universo em que se perde a lógica e a realidade das coisas" (N'Dak, 1984).

A perspectiva é de uma volta ao tempo das origens, quando a voz era som primordial e a criação podia se dar do nada. O contador, por meio desse recurso, reatualiza o mito das origens e convida seus ouvintes a participar com ele desse momento único, quando o mundo será mais uma vez recriado pelas palavras, que emergirão de sua relação com eles.

Numa primeira instância, o significado das palavras não importa, confirma Zumthor: "O ouvinte escuta no silêncio de si essa voz que vem de fora, ele deixa que as ondas ressoem, recolhe suas modificações, e toda a racionalização é suspensa. Essa atenção torna-se o tempo de uma escuta" (1983: 16).

> Meu avô tinha pausa, e tinha uma voz muito bonita, muito grossa, e meu pai também tinha um vozeirão (...) ele tinha uma voz muito bonita, (...) não tinha técnica, mas como ele tinha um vozeirão, tinha hora em que ele falava baixo, hora em que fazia aquela pausa, falava baixo, aí a gente sabia que ia acontecer alguma coisa... (Rosana Montalverne).

A manifestação da voz é suficiente para seduzir. Remetendo-se à feiticeira Circe, de quem Homero enaltecia os dons da voz calorosa, Zumthor conclui: "Apenas o seu tom de voz bastava para acalmar um animal inquieto" (1983: 16). É assim com uma criança pequena, que não entende o significado das palavras.

Portanto, graças à voz, a palavra por si só torna-se ato simbólico. Precedendo a linguagem, ela tem qualidades materiais: o tom, o timbre, a amplitude, a altura e sua fluência.

As tradições africanas ou asiáticas atribuem sobretudo às suas qualidades seu poder transformador e curativo.

Mas a voz informa também sobre a pessoa; e, mais que o olhar ou a expressão do rosto, ela pode traí-la[9]. Segundo Calame-Griaule (1990), entre os dogons a qualidade da voz desempenha um papel importante também na recepção da linguagem. Julga-se o caráter de uma pessoa pelo timbre de sua voz, antes mesmo de ter escutado o conteúdo de seu discurso.

Uma voz feminina estridente, por exemplo, afasta os pretendentes porque é interpretada como sinal de um temperamento ranzinza. A nasalidade é associada à morte. Sendo o nariz a sede do sopro vital, toda linguagem carregada de nasalidade evoca a partida do último sopro e junta-se à palavra dos mortos, veiculada pelo vento e errante como ele, sem rumo e sem resposta.

É por isso que, nos contos, todas as personagens que estão em relação simbólica com a morte (fantasmas, ogros ou animais maléficos como a hiena) falam com uma voz anasalada. A morte, segundo sua concepção, caracteriza-se pela não-palavra, pela impossibilidade de comunicar com os vivos. Assim o solilóquio, considerado um sinal de loucura, provoca sempre um mal-estar (também nas sociedades ocidentais), pois a forma elementar da vida social é o diálogo. A palavra torna-se viva desde que obtenha respostas (Calame-Griaule, 1990: 20-1).

Também a voz sem corpo provoca o fascínio e o medo, tanto nas mitologias africanas e asiáticas quanto nas ocidentais. São as vozes do outro mundo, dos mortos, das fontes, das profundezas da terra.

No melodrama europeu, convencionou-se atribuir um valor simbólico a essas qualidades: o tenor representa o justo perseguido; a soprano, a feminilidade idealizada; o baixo,

[9] ZUMTHOR, Paul, 1987, pp. 12-4.

a sabedoria ou a loucura. Na cultura japonesa, em que o grito é feminino, as nuanças simbólicas dessas qualidades são ainda maiores.

Voz é também linguagem e, nessa condição, uma mesma expressão pode mudar de sentido e provocar diferentes emoções, dependendo do centro de ressonância do corpo de onde partirá – peito, garganta, cabeça.

Uma palavra ou uma frase, faladas num volume mais baixo, de forma que o ouvinte necessite avançar um pouco na direção de seu interlocutor para ouvi-la, será recebida de forma muito diferente se for transmitida com um volume mais alto ou com um ritmo mais rápido. Acrescente-se a isso a fluência no falar rápido para obrigar o ouvinte a seguir com maior atenção o relato ou dar tempo para que ele saboreie o som, as palavras, as imagens. As mensagens veiculadas modificam-se em função dessas características na enunciação.

Segundo Pierre N'Dak (1984), para transmitir sua mensagem, o contador africano irá manipular de todas as formas as qualidades de sua voz, dando assim vida a suas palavras. Ele brinca com os tons de voz, sabe imitar cada um dos personagens: a voz grossa do elefante, a voz autoritária do rei, do chefe da aldeia, a voz desagradável da horrível madrasta, a voz ingênua ou trêmula da criança que se faz assim por esperteza, a voz doce da órfã, a voz chorosa da mulher estéril, a voz irônica da criança terrível, a voz rouca e anasalada do ogro etc.

O jogo com os timbres de voz, reforçado por onomatopéias expressivas, incrementa a narração e a torna viva.

Para Senghor, citado por Pierre N'Dak (1984):

> As vozes negras, porque não são domesticadas pela escola, contêm todas as nuanças dos sentimentos e das idéias, tiradas livremente do dicionário infinito da natureza. Elas tomam dele emprestadas "as expressões sonoras". Dos cantos transparentes dos pardais aos relâmpagos das tempestades.

Segundo o caso, quer se trate de uma simples descrição ou de uma cena dramática, a voz se modifica. Os sentimentos, os estados de alma de cada um dos personagens representados ganham uma inflexão de voz particular: a alegria, a inquietude, o medo, a piedade, a voracidade, a ingenuidade, a desenvoltura, os lamentos e os soluços.

Todas as nuanças são traduzidas com uma fidelidade extraordinária. Seja contando ou cantando, restituem-se os gritos dos animais, o canto dos pássaros, dos insetos, o barulho do vento, os passos inquietos do ogro.

Podem-se ainda cerrar os dentes, deixando pouco espaço para o som das vogais, ou deixar os lábios relaxados, "boca mole", para produzir consoantes imprecisas.

Todos esses elementos combinados fazem com que a voz não seja apenas um instrumento. Ela é uma linguagem com vocabulário, sintaxe e um código, que é produzido por uma pessoa, por meio de seu pensamento e de sua auto-escuta. Pela ação do pensamento a voz se torna, então, mensagem.

A voz informa o estado emocional da pessoa, seus desejos ou seus medos. Ela comunica sua serenidade ou sua irritação; diz sem dizer:

> Ela é exibição e dom, agressão, conquista e esperança de consumação do outro, interioridade manifesta, liberada da necessidade de invadir fisicamente o objeto de seu desejo: o som vocalizado vai de interior a interior; liga, sem outra mediação, duas existências (Zumthor, 1983: 14).

Assim, é como mensagem que a voz falada e a escuta tornam-se atos interdependentes. "Falar é dar, é se dar, se oferecer ao outro (...). Escutar é receber, é acolher, é abrir-se ao outro e ser capaz de portá-lo em si mesmo. Dar e receber são duas maneiras de se unir ao outro" (Hindenoch, 1991: 46).

"Nesse nível, os termos 'palavra' e 'escuta' abrangem uma realidade muito mais ampla que essa que lhes é atribuída.

(...) Trata-se de uma percepção total, um conhecimento no qual todo o ser está engajado" (Hampâté Bâ, 1981: 195).

Pensando na *performance* da palavra poética como um evento que se desdobra num tempo e num espaço comuns aos atores que o produzem, partimos da ação comunicativa do contador, que por meio de seu corpo (gestos e voz) busca o envolvimento com sua assistência, para com ela configurar o evento da *performance*.

A implicação ativa da assistência não é nem de longe menos importante que o desempenho gestual e vocal do contador. O que ele vê e como ele vê, o que ele ouve e como ele ouve não são fatores desprezíveis.

No entanto, um dado nos pareceu bastante significativo: a pouca relevância que o assunto "voz", como instrumento da mensagem, parece ter para os contadores de histórias. Ao descreverem sua arte, a questão é apenas tocada por alguns de nossos colaboradores. Outros fazem referência, mas colocando-a sobretudo numa relação de coadjuvante de sua expressão gestual.

A mesma situação ocorre entre os contadores urbanos de outros países. Durante a realização do colóquio internacional Le Renouveau du Conte, ao qual já se fez referência, Calame-Griaule, comentando a comunicação de Camille Bierens de Haan (*A voz: instrumento, linguagem, mensagem*), faz notar que até aquele momento só se falara dos gestos, e conclui: "Era importante mostrar o que pode ser uma voz." Até o final do colóquio, nenhuma outra comunicação abordou a questão.

> O som [próprio ao sentido da audição] tem uma faculdade sem igual para contornar obstáculos; ele nos informa sobre aquilo que não vemos. Mas nossa cultura parece desprezar cada vez mais esse território, preferindo sempre o visual, mais adaptado ao "fazer", apanágio triunfante do nosso hemisfério esquerdo (Hindenoch, 1991: 49).

Nossa hipótese a esse respeito é a de que, por estarmos imersos na cultura escrita, como mostra Ong (1998), as palavras vêm à nossa mente sempre na forma escrita. Mesmo quando pensamos nelas, primeiro as visualizamos escritas. Seria muito difícil pensarmos nas palavras desvinculadas do sentido da vista:

> Na nossa sociedade (...), para ser real, uma coisa deve ser visível e, de preferência, constante. Confiamos no olho, não no ouvido. (...) A maior parte do nosso pensamento realiza-se de acordo com modelos visuais, mesmo quando se demonstra que um modelo auditivo poderia ser mais eficiente (McLuhan, 1974: 88).

Um estudo mais aprofundado sobre a percepção da mensagem pelos sentidos da audição e da visão parece ser muito apropriado para começarmos uma análise sobre a dimensão educativa da palavra dos contadores de histórias.

Ong propõe uma reflexão sobre o som como meio para buscar algum entendimento da cultura oral. No nosso caso, essa reflexão passa a ser importante para analisarmos a palavra do contador do ponto de vista da recepção auditiva de sua mensagem.

O ouvido está intimamente ligado à vida emocional do homem, originalmente em termos de sobrevivência. Um estrondo, por exemplo, assusta e faz medo. O espaço auditivo tem a capacidade de suscitar toda gama de emoções.

Os poetas há muito tempo usam a palavra como fórmula cabalística, evocando a imagem visual:

> A porta que range é muito mais aterrorizante no rádio [ou na voz do contador de histórias Roberto Carlos Ramos], que vista e ouvida pela TV, porque a imagem visual que o som evoca provém da imaginação (McLuhan, 1974: 91-2).

Segundo Ong, "a fenomenologia do som penetra profundamente no sentimento de existência dos seres humanos, na qualidade de palavra falada, pois o modo como a palavra é vivenciada é sempre importante na vida psíquica" (1998: 87).

Mais uma vez, os dogons nos brindam com uma imagem metafórica extremamente poética para explicar a trajetória do som, da boca ao ouvido. Dizem eles:

> Matéria sonora veiculada pelo vapor da água, as palavras caminham pelo ar seguindo uma linha helicoidal que é a "vibração" criadora (e é representada graficamente pela linha de um caibro); elas entram no ouvido do ouvinte, onde se condensam e produzem os efeitos diferentes segundo sua natureza: uma palavra colérica "queima" e provoca uma resposta desagradável, ruim; uma palavra doce, cheia de água e óleo é benéfica (Calame-Griaule, 1990: 20-1).

Para a maior parte dos parágrafos seguintes, nos valemos de Ong (1998). Em virtude de sua constituição física como som, a palavra falada origina-se no interior humano e revela seres humanos a outros seres humanos como interiores conscientes, como indivíduos.

O som incorpora, ele envolve seu ouvinte por todos os lados e faz com que se sinta no centro do seu mundo auditivo, o que se traduz na sensação de estar no âmago da existência. O som é assim unificador. Sua ação centralizadora afeta o sentido humano da unidade com o cosmo. Quando um orador se dirige a um grupo de pessoas, normalmente eles formam uma unidade, consigo mesmos e com o orador. Portanto o som, cujo sentido correspondente é a audição, tem também um caráter gregário.

> Tem o efeito de corrente sabe, eu percebo justamente que pelas histórias as pessoas se sentem parte daquele grupo, eu acho isso fantástico (...) cria-se uma comunidade (Rosana Montalverne).

É do sentido da audição que vem essa característica de agregar, de unir, de construir junto o espírito de comunidade. Nesse sentido, Amadou Hampâté Bâ costumava dizer que na África é contando histórias que se constrói a aldeia.

3. O *SAVOIR ÊTRE*

O *savoir être*, no caso deste estudo, diz respeito à relação entre o contador, os ouvintes e o texto, na *performance* da poesia oral. Catherine Zarcate ilustra a relação com os ouvintes por meio de uma bela metáfora:

> O contador é um capitão que tem o timão e pode guiar o barco, mas, se o público não soprar nas velas, ele vai ratear. Um contador é alguém que pode transportar todo o mundo com suas forças, mas sem a [participação] do público ele não vai muito longe (1987: 7).

O papel do ouvinte não é menos importante que o do contador. "A poesia é o que é recebido, mas sua recepção é um ato único, fugitivo, irreversível... e individual" (Zumthor, 1987: 229). Dois ouvintes não ouvem da mesma maneira.

Rosana Montalverne, falando do aspecto de "diversão" do conto, relaciona a diferença na recepção ao imaginário de cada um, construído pela própria experiência, que é única:

> Esta é uma diversão em que o imaginário [de cada um] está atuando, então é única (...) é como se cada um tivesse um repertório de visualizações, um repertório próprio para enxergar as coisas e que não usa no dia-a-dia (...) no conto ele usa. Então cada um se diverte do seu jeito, e é impossível não tocar cada um de um jeito diferente.

Uma mesma *performance* é vivida de forma diferente para cada um. "Contar histórias é oferecer o mesmo pão, mas não o mesmo pedaço", diz o ditado.

O componente fundamental da "recepção" é, portanto, a ação do ouvinte, recriando à sua maneira e de acordo com suas configurações interiores o universo significante que lhe é transmitido. Os traços que essa recriação imprimem no ouvinte pertencem à sua vida íntima e não necessária e imediatamente aparecem exteriorizadas em suas atitudes.

No entanto, elas podem se exteriorizar numa nova *performance*, quando o ouvinte conta o que ouviu, por sua vez, com seus próprios gestos e suas próprias palavras:

As histórias que são minhas nesse momento depois serão suas, porque você se apropria delas. Quem está escutando vai se apropriando e vai recontar da sua forma, por isso a história... cada um põe um pouco que quer e nunca, por mais que a gente queira, vai ser fiel à original (Roberto de Freitas).

A poesia oral é modificada às vezes de forma radical, mas é dessa forma que em parte se enriquecem e se transformam as tradições (Zumthor, 1983: 229-30).

Eu gosto de ouvir pessoas que sabem histórias me contarem (...) aí eu colocando [outros elementos] vou criando (Roberto Carlos Ramos).

O texto proposto no estilo oral é aberto, ele se constrói na voz daquele que o conta, seja o contador, seja o ouvinte que irá contá-lo, após tê-lo ouvido do contador. Essa característica, segundo Zumthor, o diferencia completamente da hermenêutica do texto literário, cuja exegese é esperada. Os contadores têm muito clara essa diferenciação, como se pode constatar na fala de Roberto Carlos Ramos:

Eu não gosto muito das histórias de texto [escritas], porque a história com texto está limitada, (...) a escrita limita o imaginário da pessoa (...) a partir do momento em que a história é escrita, ela passa a ser aquilo, eu acredito muito naquela história com vida, mutante. (...) Cada vez que eu conto uma história eu conto de maneira diferente, (...) porque cada vez a história incorpora uma coisa nova, ela tem essa possibilidade, o texto limita.

O conto é a arte da palavra que se expressa na relação com o outro, o que explica por que, na *performance* da poesia oral, nada está pronto, e um conto nunca é reproduzido duas vezes, da mesma maneira.

A palavra do contador é mutante; no caso do narrador e do intérprete de histórias, a palavra não é mutante, ela é repetitiva. Se você for assistir àquele espetáculo dez vezes, vai ver dez vezes a mesma coisinha, porque se preocuparam muito e antes de mais nada com o texto e com o roteiro daquela história que tem de ser passada. Ao passo que o contador tradicional não, ele muda, a emoção muda, eu acho que são pouquíssimas pessoas que têm essa percepção de que existe um estilo que é próprio do contador de histórias (Roberto Carlos Ramos).

Para Michel Hindenoch (2001), à diferença do escritor, cujo corpo está ausente no momento da relação com seu leitor, o contador está em relação direta e imediata com o ouvinte; ele compartilha com ele o mesmo lugar e o mesmo instante.

A adaptação do texto ao ouvinte se produz mais suavemente no transcorrer da *performance*. O contador varia espontaneamente o tom ou o gesto, modula a enunciação segundo a expectativa que percebe, ou de forma deliberada modifica mais ou menos o próprio enunciado.

As peripécias do drama a três que se representa, assim, entre o contador, o ouvinte e o texto podem influenciar de diversas maneiras as relações mútuas dos dois últimos. O texto adapta-se de alguma forma à qualidade do ouvinte (Zumthor, 1983: 233).

Eu acho que o ato de contar histórias (...) tem que ter uma interação com as pessoas. Ao mesmo tempo que você está falando [a história] está sendo construída, você vai entrando, você troca uma palavra, você erra uma palavra, fica engraçado, da outra vez você tira a palavra, [assim] é muito mais gostoso. (...) Faz parte, e as pessoas esperam muito isso, e nós temos que ter sensibilidade para perceber o que as pessoas estão esperando... (Roberto Carlos Ramos).

Cada vez que eu conto, eu conto de um jeito diferente, eu acrescento informações na história, ou retiro alguma coisa, depende do que as crianças [esperam] (Walkíria Angélica).

As histórias são sempre diferentes porque as pessoas dão a sua participação, e aí eu também estarei diferente. O tempo é outro, o ritmo é outro, o riso é outro, e a platéia também é muito importante (Roberto de Freitas).

O contador Michel Hindenoch confirma os contadores antes citados, quando diz: "A cada vez que conto, eu me pergunto: 'Como vou fazer para trazer essa história aqui, agora?' Eu devo levar em consideração a realidade do lugar, do instante, do ouvinte, e de meu próprio estado" (2001: 301).

Nessa *performance*, o ouvinte é, pois, muito diferente do espectador passivo, que recebe pronto o texto e sua mensagem. Ele é co-autor ou ouvinte-autor. Segundo Zumthor, essa especificidade no fenômeno da recepção na poesia oral torna o texto político: "Ele proclama a existência do grupo social e reivindica para ele (sem pedir opinião) o direito da palavra, o direito de viver" (1983: 235). Mais que de pretextos temáticos, o texto da poesia oral é investido de uma vontade indiscreta, um grito em direção ao outro, um desejo de corresponder às suas expectativas.

É assim que o texto poético oral leva o ouvinte a identificar-se com o portador das palavras, sentidas como comuns aos dois atores, ou até mesmo como se fossem as suas próprias (do ouvinte), ditas pela voz do contador:

> Já aconteceu de eu estar contando uma história e no final alguém me procurar e falar: olha, eu estava numa depressão danada um tempo atrás, fiquei muito emocionada, porque essa história que você contou do cara que saiu do fundo do poço, eu também estava igual a ele. Então a história é isso também, ela bate em algumas pessoas, pode até não bater em todas, mas em algumas isso vai acontecer (Rosana Montalverne).

A *performance* une e unifica. Essas são suas funções permanentes. Zumthor (1983: 235) relata a experiência de D. Tedlock com um contador maia que, ao observar que ele mais escrevia que escutava, julgou-o muito pouco concernido à situação e perguntou-lhe com impaciência: "O que eu te conto, você o vê, ou tudo que você faz é escrevê-lo?"[10]

Ausência do ouvinte na cena, impedindo que ela se configure como *performance*. Se não há ouvidos para escutar, para ver, para cheirar, o contador não realiza sua arte. Frustração justificada do contador maia.

> Se ele (o contador) consegue pegar uma história e fazer com que as pessoas vejam, sintam, riam, chorem, se arrepiem, essa pessoa para mim é um contador. (...) Fundamentalmente ele precisa conseguir fazer com que as pessoas enxerguem, viajem, (...) ele tem o poder de descrever no palco e as pessoas enxergarem. Se ele conseguir isso, ele é um contador de histórias (Rosana Montalverne).

---

[10] TEDLOCK, D., *Towards an Oral Poetics*, New Literary History, VIII, 1977, pp. 507-20.

Entre os maias de Yucatan, a *performance* de um contador comporta um papel intermediário entre o de executor e o de receptor: "o respondente", em geral a mesma pessoa que pediu para ouvir o conto, que em si constitui um laço vivo, privilegiado, por onde circula a vida entre o que é dito e o que é ouvido. O ouvinte contribui dessa forma para a produção da obra em *performance*. Durante a *performance*, muitos indícios lingüísticos, rítmicos ou gestuais assinalam as interações, e às vezes ao manifestá-las ampliam-nas. Alguns têm por objetivo manter o contato e a atenção dos ouvintes[11].

Encontramos na África situações correlatas à dos maias. No leste da Costa do Marfim, entre os agni de Indenié, após uma série de canções que ajudam a criar uma atmosfera de animação, é natural que o primeiro que queira tomar a palavra interpele um membro da assistência, pronunciando a fórmula inicial: "Na min hoa hoo!" (não é este meu conto?). O interpelado, que fará o papel de agente rítmico ou epicentro, responde: "Wo hoa o" (sim, este é seu conto). Essa fórmula é ao mesmo tempo um pedido de narração e um convite à escuta.

Uma variação, mas tendo sempre o "epicentro", como diz Pierre N'Dak, na parceria com a palavra, é a seguinte: o contador que tomou a palavra pronuncia a fórmula de introdução quase universal que, situando o conto no passado distante, faz esquecer o presente e a realidade: "Há muito tempo", "Outrora", "Naquele tempo", "Um dia"...

O contador pergunta então ao epicentro: "Não estávamos lá, naquele tempo?", ao que o epicentro responde: "Claro, nós estávamos lá!" (N'Dak, 1984).

A reciprocidade nas relações que se estabelecem entre o intérprete, o texto e o ouvinte provocam, num jogo comum, a interação de cada um desses três elementos com os outros (Zumthor, 1983: 231).

---

[11] ZUMTHOR, Paul, 1983, pp. 232–5.

Mobilidade do texto, reformulação do tempo da narrativa, desestabilização saudável dos papéis desempenhados pelos atores: o contador pode surpreender-se consigo mesmo a cada novo encorajamento dos ouvintes, que o impulsionam a recriar sempre mais e mais.

> Eu me permito contar uma história e perceber, ao mesmo tempo, a reação do público. Então algumas passagens do público são muito interessantes, então eu posso estender essa passagem um pouco mais, minha capacidade inventiva [me faz] criar em cima da própria história estabelecida, sabe, para dar esse nó cada vez maior, que eu percebo que interessa ao público (Roberto Carlos Ramos).

São essas as regras do jogo no estilo oral. Sob qualquer forma, sua poesia constitui, a longo prazo, um elemento indispensável à sociabilidade humana e à consciência de um destino comum a todos os seres. Esse é um fator essencial à coesão dos grupos e à continuidade de uma história construída a muitas vozes, a muitos gestos, a muitos textos.

Capítulo III
Contadores de histórias, essa "gente das maravilhas"

"Que pagode, meu povo! Dancei, comi, bebi, contanto que não esqueci de ocês. Vinha trazendo uma garrafa de champanha e uma bandeja de doces, mas a cachorrada do dr. Fulano avançou que foi um arraso. Larguei a doçada e campei no pé..."

Convidados a atuar em contextos os mais diversos, o que se espera, hoje, dos contadores de histórias é que cumpram o papel de um "curinga" que, além de entreter o público nos teatros e as multidões nas praças públicas, também sejam capazes de aportar, se não soluções, boas respostas para problemas, tais como: incentivar a leitura, confortar os doentes, alegrar as crianças nos orfanatos, trabalhar na prevenção de drogas em grupos de risco, apoiar professores nas questões curriculares e disciplinares, reeducar populações carcerárias, animar debates em treinamentos empresariais etc.

Como qualquer fenômeno social que se pretenda analisar, também este não pode ser desvinculado de seu contexto histórico; nesse caso, os contadores de histórias contemporâneos se inscrevem num momento cuja distância da tradição oral, com tudo que ela representa, é tão significativa que hoje precisamos redefinir o termo "contador de histórias".

Como bem o disse Michel Hindenoch: "Hoje, sem dúvida, sofremos da ruptura, depois da confusão entre o verbo e o texto, entre o espírito e a letra, entre a arte e a indústria", e a narração, que pode ter múltiplas formas, não é exclusiva dos contadores de histórias. Também a novela, o romance, os quadrinhos, a ópera, o cinema, o teatro são narrações (2001: 303).

No entanto, para redefinir o contador de histórias hoje, é necessário sabermos qual foi sua definição primeira. Mais uma vez optamos pela abordagem diacrônica, que nos fará conhecer o contador de histórias em três períodos distintos e sucessivos: a sociedade de tradição oral, a sociedade de tradição escrita e a sociedade contemporânea. Dois teóricos nos apoiaram na definição de cada um desses modelos de sociedade: Walter Ong e Paul Zumthor.

Walter Ong enfoca em seus estudos sobre a oralidade e a cultura escrita as diferenças entre o pensamento e sua expressão. Essa perspectiva parece de grande valia para tratarmos, no próximo capítulo, da educação.

Já a perspectiva de Zumthor, a *performance* na poesia oral, parece-nos mais adequada para este capítulo, embora Ong também possa ser conferido, pois enfoca dois modelos de cultura que designa como de "oralidade primária", ou simplesmente "cultura oral", ou seja, "totalmente desprovida de qualquer conhecimento da escrita ou da impressão" (1998: 19).

Nesse modelo de cultura, o conhecimento, uma vez adquirido, devia ser constantemente repetido ou se perderia, pois o conhecimento conceitual que não é reproduzido em voz alta logo desaparece. Repetir muitas vezes o que foi arduamente aprendido ao longo dos tempos é a única forma de conservar o conhecimento.

> O conhecimento exige um grande esforço e é valioso, e a sociedade tem em alta conta aqueles anciãos e anciãs sábios que se especializam em conservá-lo, que conhecem e podem contar as histórias dos tempos remotos (Ong, 1998: 52).

Em oposição à "oralidade primária", existe a "oralidade secundária",

própria da atual cultura de alta tecnologia, na qual uma nova oralidade é alimentada pelo rádio, pela televisão ou por outros dispositivos eletrônicos, cuja existência e funcionamento dependem da escrita e da impressão (Ong, 1998: 19).

Zumthor propõe reduzir a quatro a grande diversidade de situações: uma é a oralidade *primária* ou *pura*, ou seja, sem nenhum sistema visual de simbolização exatamente codificado e traduzível em língua, e que se poderia chamar de escrita (1983: 36). Outra, *mista*, coexiste com a escrita, mas resta externa a ela. Como exemplo, cita as massas analfabetas do terceiro mundo. A oralidade *mista* possui a escrita, mas seus valores não são os da escrita. Há uma outra que Zumthor designa como oralidade *segunda* e se recompõe a partir da escrita. Nesta, os valores predominantes não são os da voz, no uso e no imaginário. Ela procede de uma cultura *letrada*, em que toda expressão é marcada pela presença da escrita. Por último, há uma oralidade mecanicamente *mediatizada*, no tempo e no espaço, pelos aparelhos tecnológicos (Zumthor, 1983: 36).

Segundo Ong e Zumthor, atualmente todas as culturas têm conhecimento da escrita ou sofreram de alguma forma os seus efeitos, embora "muitas culturas e subculturas preservem muito da estrutura mental do modelo de oralidade primária, mesmo num meio de alta tecnologia" (Ong, 1998: 19).

Falaremos em sociedade de tradição oral, no primeiro subtítulo deste capítulo. Aqui, sociedade de tradição oral poderia equivaler tanto ao que Ong e Zumthor chamam de oralidade primária quanto ao que Zumthor denomina oralidade mista.

Nossos interlocutores neste subtítulo serão o tradicionalista Amadou Hampâté Bâ e o teórico Walter Benjamin, que em seu ensaio "O narrador" e no texto "Experiência e pobreza" aborda a questão da narrativa tradicional e de seu desaparecimento.

No texto "Experiência e pobreza", diz Gagnebin, Benjamin descreve o esfacelamento da narração tradicional numa multiplicidade de narrativas independentes, ao mesmo tempo objetivas e irreverentes. Em "O narrador", ensaio que apareceu depois do texto, ele tenta pensar juntos, de um lado, o fim da experiência e das narrativas tradicionais e, de outro, a possibilidade de uma forma narrativa diferente das baseadas na prioridade do *Erlebnis*, qual o romance clássico ou a informação jornalística, falsamente coletiva (Gagnebin, 1999: 62).

É imprescindível justificarmos que nossa escolha neste capítulo pelo teórico do "desencantamento do mundo", sobretudo quando o pensamos ao lado do tradicionalista, cujo discurso é, em si, motivo para se ter esperança de que o encantamento jamais desaparecerá, deve-se ao fato de que, além de ter sido um teórico de peso, Benjamin relacionou alguns elementos de extrema importância na narrativa tradicional, como a experiência, a relação com o trabalho e o senso de utilidade dessas narrativas.

Podemos ver que no terceiro subtítulo a questão da experiência e das fontes onde bebe o contador de histórias é abordada pela maioria dos contadores que, se falam da experiência enquanto vivência, também mostram que é dela que nasce a força das narrativas contemporâneas.

Igualmente, o senso de utilidade da narrativa tradicional, lembrada sobretudo no capítulo I em várias situações, aproxima os contadores contemporâneos de seus correspondentes tradicionais.

Enfim, os dois trabalhos de Benjamin, aqui colocados ao lado do relato do tradicionalista, são o melhor testemunho de que nessa dialética a necessidade de sobrevivência sempre fará que o homem encontre um rumo, mesmo quando este parecer irremediavelmente perdido.

Talvez isso tenha a ver com o retorno dos contadores de histórias.

No segundo subtítulo, tratamos de um período que Benjamin, não sem razão, acredita fatal para a narrativa tradicional. Mas veremos no terceiro subtítulo o aparecimento do fenômeno que não pôde ser previsto por Benjamin: o retorno dos contadores de histórias, não como os contadores tradicionais, porque não somos mais "tradicionais", mas como os novos contadores de histórias que, com sua linguagem apropriada aos novos tempos, talvez possam cumprir funções muito semelhantes às que cumpriram seus ancestrais, na sociedade de Hampâté Bâ e na de Lescow. Estes nos informam aqui sobre sua arte, que colocaremos em relação com outras artes da palavra, com as quais às vezes esta parece se misturar; sobre seu repertório e sobre sua técnica para prepará-lo.

Juntos, todos esses elementos nos darão a chave para identificarmos entre os atuais artistas da palavra os que poderíamos considerar os mais fiéis sucessores do contador de histórias tradicional.

1. O *HABITAT* NATURAL DO CONTADOR DE HISTÓRIAS

Ao descrever os diversos depositários da herança oral na sociedade africana, Amadou Hampâté Bâ nos mostra não apenas a diferença que há entre eles, mas também suas funções e seu papel social.

É importante sublinharmos essa diferença, uma vez que tendemos a acreditar num só "personagem" no contexto tradicional, a cumprir diversos papéis sociais, o que é um equívoco.

Os sábios ou construtores do conhecimento são chamados *Doma*, *Soma* ou *Donikébu*, em bambara. Em peul, *Silatigi*,

Gando ou *Tchicorinké*. Eles são mestres iniciados e iniciadores de uma corrente tradicional particular, da qual conhecem a ciência (iniciações do ferreiro, do tecelão, do caçador, do pescador etc.).

Hampâté Bâ chama a atenção para não se confundir o sábio com um "especialista", pois ele é, ao contrário, um "generalista". A tradição africana, diz ele, não corta a vida em fatias. O mesmo velho terá conhecimento tanto da ciência da terra quanto da água, das plantas, das estrelas, da cosmogonia etc. Trata-se de uma ciência da vida na qual os conhecimentos sempre podem dar lugar às utilizações práticas.

Os *doma* são herdeiros das palavras sagradas e encantatórias transmitidas pela cadeia dos ancestrais, que remontam às primeiras vibrações sagradas emitidas por *Maa*, o primeiro homem. Se os tradicionalistas são detentores da Palavra, os outros homens são depositários da conversa.

Se o tradicionalista é tão reverenciado na África, diz Hampâté Bâ, é porque primeiro ele se respeita. Interiormente harmonizado, uma vez que nunca pode mentir, é um homem digno, mestre das forças que o habitam. Independentemente da proibição da mentira, ele pratica a disciplina da palavra e não a desperdiça. Não se pode confundir o tradicionalista – *doma* –, que sabe ensinar enquanto diverte, colocando-se à altura dos ouvintes, com os trovadores, contadores e animadores públicos que são da casta dos *diéli* (*griots*) ou dos *woloso* (contadores domésticos).

A disciplina da verdade não existe para eles como existe para os *doma*. Para estes a tradição reconhece o direito de travestir a verdade ou de dissimulá-la, uma vez que devem atrair e divertir o público. Ao *griot* (contador) é permitido ter duas línguas. Se ele comete um deslize ou um erro, seu testemunho o repreende:

– Homem, tome cuidado com a maneira de abrir a boca.

Ao que ele responde:

– Desculpe, foi minha língua fogosa que me traiu.

Há três tipos de *griots*: os músicos, os embaixadores e os genealogistas. A tradição confere-lhes um *status* particular no seio da sociedade. Gozando de uma grande liberdade com a palavra, eles podem brincar com as coisas mais sérias ou mais sagradas sem que isso tenha conseqüências.

Os *griots* ligados a uma família ou a uma pessoa são encarregados de algumas funções perante a família ou a pessoa, como, por exemplo, cuidar de arrumar os casamentos.

Na sociedade africana, fundada sobre o diálogo entre os indivíduos, as comunidades e as etnias, os *diéli* ou *griots* são agentes ativos e naturais das palavras. Autorizados a ter duas línguas, eles cumprem funções importantes também na política, quando podem muitas vezes "endireitar" uma coisa mal começada. Podem até mesmo tomar para si a responsabilidade dos atos impensados de seus nobres para arrumar uma situação.

Eles são também imprescindíveis nos momentos difíceis pelos quais pode passar a pessoa ou a família para as quais trabalham. Nesses momentos, eles a encorajam com sua palavra.

É aos grandes sábios da comunidade que recai o pesado dever de "olhar as coisas pelo lado apropriado", mas compete aos *griots* veicular o que os sábios decidiram.

Educados para se informarem e informar os outros, eles são os grandes vetores das novidades, mas também podem ser os propagadores das cizânias.

Seu nome em bambara, *diéli*, significa "sangue". Como o sangue, eles circulam no corpo da sociedade, que podem curar ou tornar doente segundo sua intenção em atenuar ou em avivar os conflitos através de suas palavras e seus cantos.

Mas existem também os *diéli-faama*: "*griots*-reis", que nunca abusam dos direitos que o costume lhes outorga em relação à palavra. Eles são exemplos de coragem, moralidade, virtudes e sabedoria.

Freqüentemente dotados de grande inteligência, desempenham um importante papel na sociedade tradicional do Bafour.

Hampâté Bâ termina dizendo: "A história dos grandes impérios da África do Bafour é inseparável do papel dos *diéli*, que mereceriam um estudo aprofundado dedicado exclusivamente a eles" (1981: 197-216).

Escolhemos focar a África como referência para trabalhar elementos próprios das sociedades tradicionais, mas vale sublinhar que a sociedade africana não é a única a elencar vários tipos de "especialistas", depositários da palavra. Essa é uma característica própria de todas as sociedades de tradição oral.

Segundo a pesquisadora nicaragüense Milagros Palma, por exemplo, que estuda a sociedade dos índios Macuna e proferiu conferência sob o tema "O conto como palavra mítica entre os Macuna da Amazônia", no colóquio internacional Le Renouveau du Conte:

> Nessa sociedade que fica na Amazônia não há palavra escrita; significa que tudo é codificado por meio dos mitos. As pessoas se especializam, os homens contam as histórias que permitem explicar o início do mundo, para perpetuar de forma idêntica o relato das origens. (...) O conto (...) já seria uma palavra que se tem o direito de falar (2001: 79).

Em "O narrador", Benjamin enumera alguns elementos essenciais à arte do narrador: a experiência, o trabalho artesanal, o senso prático. "O narrador colhe o que narra na experiência própria ou relatada. E transforma isso outra vez em experiência dos que ouvem sua história" (1983: 60).

Segundo Gagnebin, Benjamin faz uma distinção importante entre duas noções de experiência: *erfahrung* (experiência), que se relaciona ao coletivo, "que se inscreve numa *temporalidade* comum a várias gerações e supõe, portanto, uma tradição compartilhada" (1999: 57-9); e *erlebnis* (vivência), que remete à vida particular do indivíduo, "na sua inefável preciosidade, mas também na sua solidão" (1999: 59).

Ao relacionar a experiência como um dos elementos essenciais na construção da narrativa tradicional, ele está se referindo a *erfahrung*, pois nessas sociedades a força estava no coletivo e a experiência que passava de boca em boca era a fonte em que os narradores [contadores de histórias] bebiam [da "boa palavra"].

A base sobre a qual se constrói a narrativa tradicional é, portanto, a memória, e são os processos e as práticas sociais que, compartilhados por todos, alimentam o reservatório de experiências do grupo.

No trabalho artesanal, que unia mestres e aprendizes, Benjamin encontra outro elemento indispensável para a construção da narrativa tradicional, a linhagem dos narradores, ligada à situação do trabalho: dos marinheiros mercantes que trazem notícias de longe e a dos lavradores sedentários que conhecem as tradições e histórias de sua terra. "Se camponeses e homens do mar tinham sido os velhos mestres da narração, a condição de artífices era sua academia" (1983: 58).

Por último, Benjamin vê na "orientação para o interesse prático um traço característico de muitos narradores natos", porque a narrativa verdadeira, segundo ele, sempre "carrega consigo sua utilidade" (1983: 59). Seja porque ela traz em si uma lição de moral, uma indicação prática, um ditado ou uma norma de vida, de qualquer forma o narrador, por meio de sua narrativa, "é alguém que dá conselhos aos ouvintes".

Nas sociedades de tradição oral, ou naquelas em que os valores dessa tradição ainda estão muito vivos, a palavra do contador de histórias é, assim, mais que arte, no sentido estético[1], pois ela tem força de ofício.

---

[1] As artes tradicionais não tinham como fim o prazer dos sentidos (...) O artista tradicional não tinha outra preocupação que não a de ter-

2. Um hiato no tempo das palavras encantadas

Até o final do século XIX os serões de contos eram relativamente freqüentes nas comunidades de trabalho, no meio rural e no seio das famílias, com a participação de adultos e crianças. No início do século XX, mais precisamente após a Primeira Guerra Mundial, a Europa assistiu ao desaparecimento rápido dessa prática. Em muitos casos a leitura em voz alta substituiu a narrativa oral tradicional.

Fenômeno semelhante aconteceu na África e relaciona-se ao processo da colonização européia. A escola ocidental, diz Amadou Hampâté Bâ, foi imposta como único caminho para o conhecimento, e os antigos saberes locais foram severamente combatidos. Os contadores (*griots*), cujo papel era extremamente importante no sistema de educação tradicional africana, foram rechaçados e sua palavra, tida como enganadora e supersticiosa pelos colonizadores.

No Oriente Médio, a Segunda Guerra Mundial se encarregou de desaparecer com os contadores de grandes cidades como Túnis, Cairo e Sousse, diz Bencheikh (1989).

Na América do Sul, a partir do século XX o desaparecimento dos contadores se mostrou mais efetivo nos grandes centros urbanos, processo que demorou bem mais para

---

minar bem seu trabalho. (...) Na arte tradicional, a questão "quem fala?" importa menos que a questão "o que foi dito?", porque "tudo que é verdadeiro, qualquer que seja o autor, vem do espírito" (...) As verdadeiras questões que convêm colocar, a propósito de uma obra de arte, são conseqüentemente as seguintes: "Qual é sua finalidade? qual é seu significado?" (...) A função à qual a obra é destinada, qualquer que seja ela e tão modesta quanto possa ser, nunca tem um significado arbitrário, mas sempre um significado espiritual que ela exprime pela analogia. Função e significado não podem ser dissociados. (...) Isso vale tanto para a literatura quanto para as artes plásticas (COOMARASWAMY, A. K., 1990, pp. 16-46).

acontecer no interior. Porém, com a chegada da televisão aos lugares mais distantes, no fim dos anos 1960, aos poucos o interior também sucumbiu ao "progresso dos tempos".

Num efeito dominó pelo mundo afora, pouco a pouco a modernidade provocava a destruição radical da ordem fundada sobre o modelo de sociedade que se guiava pelos valores próprios da tradição.

Em seu texto "Experiência e pobreza", Benjamin pergunta: onde foi parar tudo isso? ainda é possível encontrar pessoas capazes de contar uma história? onde os moribundos ainda pronunciam palavras que serão transmitidas de geração em geração, como um "anel ancestral"? quem, ainda hoje, sabe decifrar um provérbio que possa ajudá-lo a sair de uma enrascada? quem seria capaz de calar a boca da juventude ao invocar sua experiência passada? de que vale nosso patrimônio cultural se nós não o obtivermos justamente pelos laços da experiência? (2000: 365).

Fenômeno próprio da modernidade, Benjamin assiste ao individual passando a ocupar cada vez mais o lugar do coletivo, e a experiência comunicável como faculdade de troca começando a se perder. Benjamin diz: "É como se uma faculdade que nos parecia inalienável, a mais garantida entre as coisas seguras, nos fosse retirada: a de trocar experiências" (1983: 57). A essa incapacidade, o pensador alemão associa o fim da arte de narrar alguma coisa "direito".

A experiência, diz ele, caiu na cotação; "qualquer olhada nos jornais comprova que ela atingiu novo limite inferior, que não só a imagem do mundo externo mas também a do mundo moral sofreu da noite para o dia mudanças que nunca ninguém considerou possíveis" (1983: 57). As pessoas estão mais pobres em experiência comunicável.

A velha fonte da experiência coletiva se esvaziara. A volta dos soldados do campo de batalha na Primeira Guerra Mundial atestava isso. Mudos, eles retornavam incapazes de comunicar suas experiências. Os livros sobre a guerra que apareceram dez anos mais tarde nada tinham em comum com as experiências vividas por aqueles soldados, porque a experiência, diz Benjamin,

> se transmite de boca a boca (...) e nunca as experiências adquiridas foram tão radicalmente desmentidas como a experiência estratégica da guerra de posição, a experiência econômica pela inflação, a experiência corporal pela provação da fome, a experiência moral pelas manobras dos governantes (2000: 365).

A vivência (*erlebnis*), construída na solidão do indivíduo, na sua vida particular ocupará finalmente o espaço deixado pela experiência coletiva; além disso, o rápido incremento da técnica ajudará ainda mais os homens a mergulhar numa pobreza até então desconhecida. Benjamin alerta para o fato de que essa pobreza não diz respeito apenas às experiências privadas, mas também às que concernem a toda a humanidade.

Nesse quadro, ele vê uma nova espécie de barbárie, à qual busca imprimir uma concepção positiva ao perguntar: aonde a pobreza em experiência pode levar o bárbaro? E responde: ela o leva a recomeçar do começo, da estaca zero, tendo de se virar com o pouco que tem, construindo com quase nada (Benjamin, 2000: 366-7).

Gagnebin comenta, a esse respeito, que a Segunda Guerra Mundial, como instauração real da barbárie, desviou Benjamin de continuar tentando uma noção positiva para o termo *barbárie*. Equívoco provocado talvez pela vista turvada pela desesperança em seu tempo. Fato é que barbárie é barbárie, e, se Benjamin pretendeu encontrar nela alguma função positiva, logo foi desencorajado. No entanto, ele estava certo em reconhecê-la galopante.

Numa sociedade que desprezava sua memória, e com ela a experiência útil de seus antepassados, a barbárie parece ser a única possibilidade.

Pobres, eis no que nos tornamos. Centavo por centavo, dispensamos a herança da humanidade, freqüentemente tivemos que deixar esse tesouro no monte de moedas, por um centésimo de seu valor, em troca de uma moedinha do "atual" (Benjamin, 2000: 372).

Mas a esse fenômeno juntam-se ainda outras causas, não menos devastadoras para a narrativa tradicional: o advento do romance, cuja dependência do livro abole esse tipo de narração e catapulta o ouvinte de outrora (que compartilhava suas experiências "ao vivo") à solidão própria do indivíduo moderno, "que já não sabe exprimir-se exemplarmente sobre seus interesses fundamentais"; e a informação jornalística, falsamente coletiva e que reduz todas as situações ao efêmero da novidade.

As informações jornalísticas devem mudar de hora em hora para manter o interesse ou pelo menos dar a impressão (...) as massas anônimas compostas de indivíduos isolados querem relatos da atualidade (...) e o laço social entre os indivíduos separados não é mais o conto mas as notícias do jornal da TV (Peju, 1999: 11).

Diante desse quadro, Benjamin profetizou a morte do narrador.

No entanto, se agonizou, não morreu. Como a Fênix, o narrador ressurge no cenário contemporâneo. E, se ressurge das cinzas de uma modernidade que dispensou seu serviço, é da necessidade dos sobreviventes dessa mesma modernidade que ele tira seu vigor:

(...) Talvez, apesar de tudo, seja necessário confiar (...) e acreditar que novas formas narrativas, que nós não sabemos ainda nomear, já estejam a ponto de nascer e atestarão que a função narrativa pode se metamorfosear, mas não pode morrer. Porque nós não temos nenhuma idéia do que seria uma cultura em que não se soubesse mais o que significa contar (Ricoeur, 1984: 57-8).

3. Os novos contadores de histórias e a velha arte de encantar

Ao transformar em arte sua palavra, os novos contadores aproximam-se dos contadores tradicionais. Eles reaparecem numa sociedade industrial avançada, numa sociedade engajada no que alguns sociólogos chamam "a lógica do efêmero", lógica da qual as imagens partem em todos os sentidos como uma verdadeira metralhadora. Uma sociedade organizada para circunscrever suas próprias margens e seus próprios marginais, isolando-os ou absorvendo-os segundo o caso.

Uma sociedade hipercompartimentada, superinformada, informatizada, espetacular e atomizada; seus modos de expressão dominantes, que reunimos sob o termo "mídias", colocam diante dos nossos olhos e dos nossos ouvidos uma tela, um filtro, permitindo condicionar ou desinfetar as imagens e a palavra, mesmo as mais violentas (Jean Bourdin, 2001: 195).

Nessa sociedade, o campo se urbanizou, as comunidades de vizinhança deram lugar ao individualismo das cidades, e o regional tornou-se planetário.

O sedentarismo deu lugar a uma sociedade de transportes, e nossa relação com a natureza tornou-se científica e documental.

Os modos de vida, os saberes, os valores que eram manifestações da tradição oral fazem parte de outro tempo. Mesmo nos lugares onde uma parte dessas tradições subsiste, o meio ambiente foi irremediavelmente modificado pela eletricidade, pelo rádio, pela televisão, pelas estradas, pelos livros etc. (Hindenoch, 2001: 406-8).

Mas, para o contador de histórias Bruno de La Salle, não é a primeira vez que o contador com sua velha "palavra" ressurge na cena social:

Em tempos de grandes transformações, sempre houve pessoas como Homero e Esopo para salvar um patrimônio oral em risco de desaparecimento. Os contadores e coletores de contos têm a responsabilidade de uma "passagem de testemunho" diante da perda de culturas populares (1991: 24).

Os novos contadores não receberam sua "palavra" como herança, não beberam da fonte da experiência coletiva. Teremos, pois, que redefinir essa arte e seus artistas, e o faremos com os elementos que os novos contadores nos fornecem.

Como arte da palavra, a arte do contador de histórias é diferente, por exemplo, da arte do escritor, freqüentemente chamado também de contador de histórias.

Para mim o fundamento do conto é a oralidade, quer dizer a palavra [falada]. Ora, hoje estamos numa civilização de escrita e de imagem, e é isso que tem autoridade. Quando se diz de alguém, nas páginas literárias de um jornal: é um grande contador, trata-se quase sempre de um escritor. No entanto, o que funda o conto é a oralidade (Coulet, 2001: 187).

Mas a primeira grande diferença é que o corpo do escritor está ausente no momento da relação com o leitor e, no caso do livro, que por natureza é um objeto permanente, o que ele diz é definitivo. E, mesmo que o escritor tenha um grande talento para contar histórias, quando ele escreve "conta" apenas no sentido figurado. Seu trabalho, indireto, leva em conta condições diferentes.

Para o contador, a relação com o ouvinte é direta e imediata. Ambos estão presentes no mesmo lugar e compartilham a produção narrativa no mesmo instante em que ela se dá, ou seja, na situação de *performance* da poesia oral. Diz Roberto Carlos Ramos:

Eu acho que o ato de contar histórias tem que ter [ou pressupõe] uma interação com a pessoa (...) ao mesmo tempo que você está falando, você está construindo.

Também em relação ao intérprete, ao ator e ao declamador marcam-se diferenças. Sentindo a necessidade de criar uma definição ou um conceito para o contador de histórias, quando dava cursos, Roberto Carlos Ramos relacionou três formas, segundo ele, de contar histórias:

Uma seria o contador primitivo ou tradicional, aquele que ouve alguma coisa, alguém fala alguma coisa para ele, ele já está recontando, porque ao ouvir ele criou uma estrutura mental, gravou aquilo, e a partir do momento em que começa a contar ele está nada mais que descrevendo o que está registrado na mente dele. Existe também o contador que seria o ator. O ator pega uma história, trabalha aquilo, ele fala: eu tenho que ser cênico, eu vou mostrar como é que funciona. (...) E existe o narrador oral, [aquele que] decora o texto, pega o texto, como o repórter, e conta a história. Tem pessoas que só conseguem contar uma história a partir do texto, se não tiver o [texto] para ler, e ler várias vezes, não entra na cabeça; outros são cênicos, como atores, [eles] trabalham muito mais a idéia; e o tradicional é aquele que se vale do que tem na mão, se tiver texto ele usa o texto, se não tiver texto, é com o que ficou na cabeça que ele trabalha.

O verdadeiro contador, diz Hindenoch, busca na própria memória aquilo que conta: suas lembranças, sua visão das coisas, das pessoas, dos acontecimentos. Ele os conta enquanto os atravessa, "ele é autor de seu próprio caminho através da história que conta", ele cria caminhos novos e únicos (2001: 303), e isso o diferencia do intérprete, do declamador e do ator, que buscam na memória um texto acabado.

O contador Roberto Carlos Ramos descreve da seguinte forma a relação com a palavra do profissional que ele chama de narrador e com a do interpretador de histórias e os compara ao que ele chama de contador tradicional:

Existe no caso o profissional, é o narrador, [ele] vai trabalhar em cima e vai narrar aquele texto, e o interpretador de histórias, que é o ator, é o cara que vai fazer uma interpretação cênica daquilo. A palavra é mutante, sabe. No caso do narrador e do interpretador de histórias a palavra não é mutante, ela é repetitiva, sabe, e se você for ver aquele espetáculo dez vezes, dez vezes será a mesma coisinha, porque [narrador e interpretador] se preocuparam muito, e antes de mais nada, com o texto e com o roteiro, sabe, daquela história que tem que ser passada. Ao passo que o [contador] tradicional não, ele muda, eu acho que ele muda o tempo todo porque a história muda, a palavra muda, a emoção muda, e eu acho que são pouquíssimas pessoas que têm essa percepção de que existe um estilo que é próprio do contador de histórias.

Para o contador Roberto de Freitas, a diferença entre o ator e o contador está relacionada sobretudo à pessoa do discurso: primeira pessoa para ator e terceira pessoa para o contador:

A diferença que eu vejo entre o teatro e a história (…) é às vezes até polêmico isso, eu lembro que quando eu mal comecei a [contar, as pessoas diziam:] Ah, você faz isso porque você é ator, sua formação é no teatro… Eu ficava com isso: ah, é mesmo, eu sou ator, então é por isso que eu conto dessa maneira. (…) quando eu conto na primeira pessoa eu faço teatro, eu estou interpretando um texto, é minha vivência, eu estou expondo o que foi passado comigo, isso é teatro. Agora quando eu conto na terceira pessoa aí eu estou narrando uma história.

Gislayne Matos e Inno Sorsy (2005: 36-7) resumem da seguinte forma a diferença entre contadores de histórias e atores:

(…) o ator deve decorar o texto, palavra por palavra, desenvolver e incorporar o personagem e interagir com os outros atores a fim de comunicar a peça segundo a ótica do diretor. Para conseguir isso, o ator deve passar por um treinamento vocal, corporal, gestual, deve analisar o texto, fazer um trabalho de observação dos temas, improvisação etc.

No momento do ensaio, o ator deve colocar-se nas mãos do diretor, que tem a visão global de como cada personagem deve ser interpretado, de como os personagens devem se mover em cena. O diretor é como o maestro de uma orquestra: determina o ritmo, o humor, a topografia de uma peça musical.

Quanto ao contador de histórias, ele também tem um texto, que é o conto ouvido, como nas tradições orais, ou selecionado em um livro, como é o caso dos contadores atuais. O contador também deve absorver, incorporar e retransmitir a mensagem ou essência da história, e assim deve mudar o "texto" de acordo com as necessidades da platéia para interagir com ela, incluir seus comentários, sugestões e percepções.

(...)

Tanto o ator quanto o contador de histórias podem usar suas experiências de vida armazenando consistentemente "chaves" que abrem várias portas para uma compreensão mais profunda do personagem. A principal diferença entre esses dois tipos de expressão é que o ator precisa de um diretor, que funciona como um olho exterior, enquanto o contador tem um diretor interior, que é a própria história.

Outra diferença é que o teatro, o cinema e outras artes da imagem mostram os acontecimentos. Ora, o contador não mostra, ele diz; ou seja, se ele mostra é dizendo. E nisso a arte do conto não é uma arte da representação, da figuração. As únicas imagens a esperar são as que o contador "vê" e que o público imagina.

Para Walkíria Angélica, a capacidade que pode ter o contador de fazer o ouvinte criar as próprias imagens é um dos pontos que o diferenciam do ator.

> O que diferencia o contador do ator é que qualquer voz serve [para o contador] desde que a pessoa a tenha (...) e a capacidade que ele [o contador] tem de [fazer] o outro criar imagens, de não dar essa imagem pronta. (...) à medida que ele

vai contando, o outro vai tecendo e os dois amarram juntos... alguma coisa assim. E, quando a magia acontece, o contador torna-se transparente, não é mais a ele que se vê, mas a própria história.

Ainda para Walkíria Angélica, a maior qualidade do contador é a de "prender o ouvinte, de conseguir ser meio invisível, de o conto aparecer mais que o contador, de ele ser só a boca". Em relação ao intérprete, seu talento consiste em habitar uma palavra nascida fora dele, colocada no mundo por outra pessoa. Mas a arte do intérprete, que aliás é uma arte sutil e valiosa, pode nos levar à ilusão de que essa palavra jorra verdadeiramente dele.

Roberto de Freitas, que usa o verbo "contar" para descrever sua experiência como intérprete de um texto, diz:

> Quando eu conto um conto de autor, eu conto com o título, o nome de quem escreveu, eu tento "esfriar" aquele conto de alguma forma e conto tal qual ele foi escrito, e tento até o que é quase impossível, mas tento, dizer da forma que o autor quis que fosse dito o que ele disse, o que é impossível, não é? (...) [o conto] é dele, do autor, e eu tenho até receio de que quando eu estiver contando alguma história de autor, se o autor estiver na platéia. (...) Nossa, você acabou com o que eu fiz. Porque eu acho que é isso, pois o texto é dele.

Roberto Carlos Ramos também descreve sua experiência como intérprete, e coloca em oposição ao texto literário o texto de tradição oral. Tanto quanto seu colega anterior, ele utiliza o verbo *contar* para descrevê-la:

> (...) quando eu conto um conto literário, estou fazendo favor ao autor, eu acho que é isso, estou (...) emprestando a minha fala para ele. Eu acho que é isso. Quando eu conto um conto de tradição oral, aí eu fico à vontade, eu posso errar sem medo de ser feliz, sabe, o erro passa a fazer parte da história, ela começa

a incorporá-lo. Tudo que eu coloco naquela história passa a fazer parte (...) e te deixa muito mais tranqüilo, porque quando eu conto um conto que é literário, eu tenho que lembrar de uma coisa que existe, uma seqüência lógica que eu não posso [esquecer]. (...) Porque na verdade é muito mais fácil você criar em cima do nada. Consertar alguma coisa, ou trabalhar em cima de uma coisa já pronta, é muito mais complicado. Você não tem muitas brechas para fugir, nesse ponto eu acho que é complicado. Você não tem muito o que criar em cima daquilo, você não tem onde buscar muitos recursos para que ele fique interiorizado, tem que se valer de um bom processo de decoração, de decoreba mesmo, decorar aquilo lá na sua cabeça.

Ao passo que o outro texto, quando você vai transformá-lo, você é muito mais emocional, você trabalha muito mais com a emoção, sabe, o outro é quase jornalístico, e quando é emocional é muito mais fácil, é muito mais tranqüilo pra mim. Quando você pega o texto e tem que seguir à risca uma coisa está prevalecendo, tem que ser fiel ao texto. Então, essa preocupação, ela é primordial, é a primeira, ao passo que, no caso do primitivo ou tradicional de contar história, você fala assim, é eu vou contar alguma coisa, vou dar um presente para as pessoas, não importa o que eu falei, eu falei um presente, e fico muito mais tranqüilo, porque está ali dentro a história sem preocupação, sabe. Eu acho que é muito mais interessante.

A contadora Rosana Montalverne, que também já "contou" contos literários, é mais sintética, mas sua posição sintoniza-se com as anteriores:

(...) eu gosto mais de histórias da tradição oral, embora eu já tenha contado contos literários, e decorei, decorei tudo, todas as vírgulas, e decorar me toma mais tempo, (...) para eu contar uma história decorada assim, só atendendo a um pedido muito especial, porque toma tempo decorar, e se sair uma coisinha errada fica ruim, (...) então eu prefiro contar contos da tradição oral, porque eu posso improvisar. Eu não preciso ficar ali no pé da letra, e eu me acostumei com as histórias da tradição oral também, sabe, eu me acostumei, então eu gosto de preparar.

Na relação com o ator há uma fraternidade quando o contador encarna momentaneamente as personagens de seu conto, mas ele logo retoma a palavra, não como personagem, mas como o contador que não é outro senão ele próprio[2].
Jean Bourdin sublinha a diferença entre contadores e atores no que diz respeito à preparação do conto. Os contadores não fazem exercícios de improvisação como fazem os atores; eles se apropriam do conto. Essa fase é uma das mais importantes no trabalho do contador, e nunca termina.

> Como nós trabalhamos essencialmente sobre o escrito (é raro contarmos uma história que apenas escutamos), é necessário se desprender do texto, e sobretudo escapar a essa espécie de vertigem de decorar, para as pessoas que estão numa civilização de escrita (2001: 197).

Igualmente para Gislayne Matos e Inno Sorsy (2005: 36):

> O treinamento do contador se dá através de sua familiaridade com as histórias. Abrindo-se para o que elas têm a dizer, ele poderá escolher o melhor momento para contá-las. Diferentemente do ator, que memoriza o texto exatamente como ele é, o contador está sempre aprendendo a história.

Observamos que alguns contadores de histórias que tiveram um trânsito também pelo teatro podem ter posições a respeito da arte do contador diferente daquelas dos que sempre foram contadores de histórias.

Nesse sentido, Robert Bouthillier adverte que "a pesquisa estética, artística, própria da nossa sociedade contemporânea deve levar em conta a estética tradicional e respeitá-la" (2001: 189).

---

[2] HINDENOCH, Michel, 2001, pp. 302-3.

Além de projetarem o conto para o domínio do espetáculo, alguns podem maximizar as condições contemporâneas, buscando ajustar o conto a essas exigências, enquanto outros apenas usam de algumas das possibilidades que lhes oferece o domínio do espetáculo.

Yannick Jaulin, sintonizado com as circunstâncias contemporâneas, confessa sua irritação quando, no início de sua carreira, as pessoas buscavam encontrar em suas apresentações o ambiente dos serões de outros tempos. Trabalhando com músicos de tendências diferentes, ele monta seus espetáculos utilizando histórias ou anedotas do cotidiano e histórias de meninos que crescem, para atingir o público jovem.

Seu desejo é sair do circuito dos contos tradicionais; para isso propõe espetáculos mais performáticos para um público maior. Admite, no entanto, que se trata de um trabalho com "um pouco de vulgarização" e cujo risco é perder essa relação excepcional que o contador mantém com seu público:

> Eu estou convencido de que hoje não se pode mais fazer isso. Sobretudo para mim que sou um homem de teatro. Eu quero atingir um público maior e diferente daquele que se reunia num serão. É preciso dar ao conto um caráter mais espetacular, mais cênico. O que me interessa é desenvolver o espetáculo para o grande público (...) e para caminhar nessa direção eu trabalho sobre o conto e a música, com um pianista, um grupo de *rock* e um trio de acordeom (...) eu faço um espetáculo (Jaulin, 1987: 9).

Jean-Louis Ramel deixou o teatro progressivamente à medida que se engajava na prática do conto. Levado a pesquisar o "curto-circuito" entre a vontade do ator e a apreciação do espectador, ele constatou que em último caso a apreciação do espectador é o produto de seu espírito; ela não é proporcional ao orçamento da peça ou ao número de atores. "Desde então, não precisei mais de cenários, parceiros para dar a réplica, pesquisa de luz; tudo se tornou uma brincadeira do espírito, se passa suavemente e na sutileza", relata Ramel (2001: 225).

Roberto Carlos Ramos, perguntado sobre o que ele achava de se fazer cenários que pudessem interagir com o tema abordado pelo contador, respondeu, num tom muito próximo ao de Ramel:

> Na verdade eu acho que o contador é aquele que deve ir na via tradicional mesmo, sabe, ele não tem cenário, ele não precisa de cenário, porque a mímica dele atende perfeitamente. (...) Eu acho que [o cenário] é desnecessário, sabe, não se esqueça da força que a história tem por si mesma, porque as histórias são vivas, parece bobagem, mas, quando pisei no palco nos Estados Unidos, lá havia duas mil pessoas, (...) o primeiro que entrou foi o lobisomem, depois entrou a mula-sem-cabeça, e foram na frente, sabe, a história estava ali, todos os elementos no mesmo palco ali (risos) para a platéia, aquela coisa toda. Infelizmente, uma coisa que acontece em toda a sociedade moderna é, por exemplo, quando você vai num terreiro de candomblé, quando você vê a coisa ali acontecendo, aquilo é a verdade que está acontecendo mesmo, a partir do momento em que você pega aquilo e leva para o palco, para que as pessoas assistam, se torna um espetáculo, já não é mais autêntico, já não é mais original. Eu tenho a consciência de que eu sou autêntico naquilo que eu faço, mas eu não sou o contador de histórias primitivo porque eu me faço valer de efeitos tecnológicos, coisas tecnológicas pra atingir o meu objetivo. Tudo bem, cada época tem que se valer de alguma coisa.

Tendo sido um ator, antes de se tornar contador de histórias, e um "ator que não gostava de teatro", Richard Abecera levanta duas questões: o que significa contar hoje e o que e como contar hoje? E faz algumas reflexões sobre as duas artes:

Nunca me interessei pela noção de personagem, ou seja, pelo fato de ser o mesmo personagem do começo ao fim do espetáculo. (...) o contador me interessou porque ele não é um personagem. Ao mesmo tempo que é ele mesmo, ele porta a máscara do contador (...). Ele passa da evocação de um personagem a outro (...), o contador é portador da palavra de outro. Raramente ele é autor da história que conta, melhor dizendo, ele pode se apresentar como testemunho. Ele é ele mesmo diante de seus ouvintes, mas nunca fala dele mesmo. Daí a dificuldade e o que é apaixonante em sua técnica: ele deve fazer de tal forma que a máscara do contador não lhe sirva para se esconder, mas, ao contrário, para revelar as verdades que ele porta em si, em seu discurso (2001: 175).

Na seqüência, Abecera propõe a reflexão sobre a forma de conciliar a técnica tradicional do contador com as novas exigências contemporâneas.

O contador poderia simplesmente utilizar sua técnica, sua linguagem da maneira tradicional e ao mesmo tempo trabalhar com os diferentes tipos de escritas contemporâneas, uma vez que ele é portador da palavra do outro?

Não seria o caso de expandir essa idéia até imaginar o contador como portador também de textos, reflexões, sensibilidades de seu tempo?

No primeiro momento, ele diz parecer simples, pois bastaria contar as histórias contemporâneas. Mas as coisas são mais complexas, porque isso não funciona. As histórias contemporâneas têm autor, o que significa a necessidade de um rigoroso respeito ao texto e a uma escrita precisa.

Os textos contemporâneos são assinados nos dois sentidos do termo: assinados pelas particularidades de sua escrita, que definem o estilo de um autor, e assinados juridicamente, pois há os direitos.

Trabalhar com esses textos seria contar ou "falar" o texto? Não seria trair um autor, simplesmente contar uma história que ele criou, sem levar em conta seu trabalho de escrita?

Por outro lado, "falar" o texto integral não obriga o contador a renunciar ao que justamente faz a especificidade de sua técnica: relação direta com o público ouvinte, considerando sua reação diante da história e podendo modificá-la ali mesmo?[3] Nesse caso, poderíamos falar em contador de histórias ou trata-se de ator, intérprete ou declamador?

Daniel L'Homond também levanta a questão da contemporaneidade para pensar a arte do contador de hoje, que na sua visão deve acolher nas histórias que conta o cotidiano de nossa época, como aliás, diz ele, os contadores sempre fizeram.

Quanto à *mise-en-scène*, ele deve lançar mão de todos os meios tecnológicos de nosso tempo, como microfones, sonorização, controle dos jogos de luzes, variação dos projetores de acordo com o clima da história etc. E também dos truques do ator, seus procedimentos técnicos, pois o contador não é necessariamente intimista (2001: 167-8).

Abbi Patrix, que da mesma forma considera importante a "aclimatação" dos contadores na contemporaneidade, vê como completamente artificial a distinção entre teatro e conto:

> Duas coisas separam o contador do ator. A primeira é que o contador preenche todas as funções, de produtor a diretor, enquanto no teatro essas funções são separadas. Segundo, o contador conta a história que quiser. Se ele quer contar uma história, ele cria as condições para contá-la (1987: 22).

Sua recomendação ao contador é para que ele busque um texto que seja representativo não apenas na tradição oral, mas também passível de ser tratado para espetáculo.

O que ele tenta com isso é manter um pé no modelo de relação direta com os ouvintes, que é própria do contador tradicional, e que os ouvintes querem.

[3] ABECERA, Richard, 2001, pp. 175-7.

A partir do vínculo assim construído com os ouvintes, o contador leva-os a uma forma sofisticada de espetáculo, sem que eles se dêem conta, e que saiu do movimento mais simples, que é o da narrativa (Patrix, 1987: 20-2).

Entre os nossos colaboradores, Roberto de Freitas foi o único a ter uma investida profissional no teatro. Ele vê da seguinte forma a relação entre essas duas artes:

> (...) primeiro eu pensei que o teatro seria a minha linguagem mais direta e o tempo inteiro eu me formei e me capacitei para isso, só muito mais tarde eu comecei a perceber essa capacidade através da história. De sair da história na sala de aula, no pátio da minha escola para (...) cair no palco é claro que não dá mais para ser o corpo, o corpo lá sentado na cama, porque ali o gesto é menor e não precisa ser visto de longe. Então lá [refere-se à tia contadora] as coisas eram mais... o gestual econômico, a fala era menor, tudo era pequenininho. E quando você está no palco, você vai levar isso para o palco, a coisa tende a crescer, porque aí existem outros recursos no palco, a gente vai ter a luz, vamos ter a música que também hoje eu acho que a música é imprescindível, porque a música e a história são artes irmãs e a coisa da comunicação, do ritmo. Porque a história para mim hoje é ritmo, (...) aí se volta para aquela coisa espetacular que tem que ficar bonita, então há um compromisso estético também, não é mais só o que eu digo, mas é como eu digo, o gesto tem que estar bem explorado, o olhar tem que estar bem explorado, as expressões, elas têm que ser vistas. O que a princípio em mim era às vezes técnico, às vezes era intuitivo, hoje já acaba assim. Eu acredito que eu uso ali no palco 50% da minha intuição e 50% da minha técnica, que o teatro me traz. Essa interatividade com o público, a possibilidade de demonstrar algo que não está sendo visto.

Para Abbi Patrix, o que primeiro define um contador é sobretudo seu repertório. No sentido tradicional, diz ele, o contador é aquele capaz de contar histórias, muitas histórias, e por isso ele não tem uma técnica, ele tem muitas técnicas, tantas quantas forem suas histórias.

Numa escola de contadores, o diploma seria para aquele que fosse capaz de conhecer e de contar centenas de histórias.

Quando eu virei contadora de histórias, eu contava duas histórias. Hoje eu conto um monte. Na hora me vem uma história que eu li, que eu estou com a estrutura e dou conta de contar (Walkíria Angélica).

Segundo Nicole Vibert, também se pode definir o contador de histórias a partir da escuta, pelos sentimentos que somos capazes de experimentar por meio dessa escuta:

> Quando se escuta um contador, sabe-se muito bem que é um contador. Qualquer que seja sua técnica, a gente escuta, a gente vê as imagens, a gente vê as cores, há qualquer coisa que ele passa através de uma história, mesmo se já a conhecemos. E, apesar de tudo, essa história que escutamos nos dá o sentimento de nunca tê-la escutado antes (2001: 298).

Catherine Zarcate afirma que o que faz o contador de histórias está além de seu repertório e de sua técnica: "É alguma coisa que está além de tudo isso, e me parece estar em muitas coisas que eu não saberia definir." [A esse propósito, ela coloca a questão:] Somos capazes de definir o que é um contador de histórias? (2001: 295)

Mimi Barthelemy pontua a diferença entre contadores tradicionais e novos contadores, na relação de cada um com o conhecimento da tradição: "Eu me defino como uma nova contadora porque meu conhecimento da tradição não é uma herança, mas uma escolha pessoal" (2001: 374).

Rémi Guillaumot fala em noções bem diferentes para o que se chama de contador de histórias. Uma delas, ele associa ao contador tradicional, e é a noção de "contador familiar": são pessoas que sempre existiram e contam num pequeno círculo familiar. A outra noção é a do "contador de espetáculo", relativamente recente:

Para as pessoas que ainda têm contato com o que resta da tradição, a gente se dá conta de que o contador tradicional era o contador familiar. Ele se dirige a um auditório que raramente ultrapassava uma dúzia ou uma quinzena de pessoas (2001: 411).

A arte do conto, hoje, segundo Praline Gay-Para, é muito diferente da dos contadores tradicionais, que contavam de maneira espontânea, num contexto familiar, diante de ouvintes conhecidos. Os contadores de hoje caminham por outras trilhas.

Como homem de espetáculo, o novo contador lida com outras variáveis, ele conta num lugar que não conhecia antes, para um público que ele encontra ali pela primeira vez, e que possivelmente não encontrará depois do espetáculo.

Roberto Carlos Ramos vê com certa nostalgia essa mudança dos tempos, que segundo ele fará desaparecer o contador tradicional, mas não se nega a reconhecer que os novos tempos exigem outros recursos:

> O contador de histórias tradicional um dia deixará de existir e será substituído por um outro elemento, que são os novos, os meios-termos, interpretadores de histórias e contadores tradicionais, daqui a pouco vão ser só tecnológicos, sabe, daqui a pouco vão ser só os nossos CDs de histórias, sabe, o mundo todo está numa metamorfose constante, num processo evolutivo. Nós nunca mais vamos vivenciar, talvez só existam alguns poucos locais, o contador primitivo, porque teve uma época que eles tiveram uma preponderância, hoje não, com todo aparato tecnológico, tudo que nós vamos fazer no palco passa a ser um espetáculo. E eu não posso negar, eu vivo de contar histórias, sou contador de histórias profissional. Na verdade eu não sou tradicional, se tivessem me tirado lá do interior... eu acho que a partir do momento em que eu pisei num palco para contar alguma coisa, para fazer um espetáculo, muda. (...) Tudo o que a gente coloca em volta é para ajudar, na verdade, a se aproximar daquela realidade que exis-

tiu um dia. (...) É, eu acho que antigamente as coisas eram muito mais simples, eu tento trabalhar nessa simplicidade, mas parece bobagem, não é nada, não é nada, tenho oito toneladas de equipamentos de som que me acompanham, tenho um caminhão de som que me acompanha, na minha simplicidade (risos), sabe, um caminhão, um Scania para levar caixas de som, palco, e tudo quanto há na minha simplicidade, então, quer dizer, antigamente não precisava disso. Então, é por isso que nós não vamos mais recuperar, resgatar totalmente algumas coisas que não são resgatadas.

Outra variável importante refere-se ao repertório. No caso de seu ancestral tradicional, o repertório encontrava-se no reservatório comum a todo o grupo, e ele o herdava diretamente, podendo escolher o que melhor se adaptaria à sua personalidade.

O contador tradicional também aprendia a arte da palavra ao longo de sua experiência como ouvinte, e seu *corpus* era originário de sua própria cultura.

Também não havia dificuldade para o contador formular seu conto, pois bastava seguir as regras e critérios de sua sociedade já impregnados no espírito dos ouvintes. Além disso, a significação simbólica de cada elemento do conto era evidente.

Os novos contadores, muito pelo contrário, antes de estarem diante de seus ouvintes devem cumprir uma tarefa: constituir um repertório e dar-lhe uma forma conveniente.

Dar forma a um conto antes de tudo consiste em encontrar a palavra justa, o tom que melhor lhe convenha. O contador deve passar a emoção do conto, para transportar seus ouvintes numa viagem, e isso somente é possível se o sentido das palavras é rapidamente captado[4].

O novo contador não herdou histórias originadas e guardadas na memória de seu grupo; ele não as retira da própria

[4] GAY-PARA, Praline, 2001, pp. 115-7.

memória. "Ele é autor e criador de seu texto, mesmo apropriando-se de um texto antigo, que ele reescreve contando" (Simon, 2001: 292).

(...) Se um conto me desconcerta, é porque tenho alguma coisa a ver com ele. Ele não me é estranho. Eu não vou contá-lo amanhã, eu vou guardá-lo um bom tempo, durante meses, se necessário, talvez eu vá transformá-lo, enxertá-lo, ou simplesmente deixá-lo crescer, me invadir... É minha maneira de trabalhar (Hindenoch, 2001: 406-7).

Os novos contadores recriam a oralidade a partir de uma fonte escrita, e o processo de contar é totalmente diferente daquele de quando os contos chegam pelos ouvidos.

Praline Gay-Para fala do privilégio que é para uma certa categoria de contadores beneficiar-se de relatos tradicionais ainda vivos e transmitidos pelos contadores do lugar. Esses contos são integralmente assimilados, e a memória viva do conto torna o trabalho do contador muito mais fácil.

Da mesma forma, Roberto de Freitas comenta que, quando lhe contam uma história, fica mais fácil recontá-la:

(...) quando eu escuto a história, rapidinho eu já consigo contar, (...) ela me chega de uma forma que me é mais fácil. Quando eu leio, eu posso até contá-la, mas aí vai ser preciso que eu a conte bastante, muito, para que depois eu consiga saboreá-la de fato.

Escutar um conto da boca de um contador que transmite uma tradição que ainda não está completamente morta significa receber um relato com alma. Essa condição natural, porque espontânea e sem artifício, expõe toda a substância, a intensidade, a emoção e as imagens do relato. Ele é vivo, movente e emocionante com suas derrapadas, seu lapsos de memória, seus esquecimentos, mas também sua força e justeza de suas palavras (Gay-Para, 2001: 119).

Roberto de Freitas, tendo sido um desses privilegiados, relata sua experiência com os contadores da família, quando, necessitando de um repertório para contar às crianças de uma escola, retornou às suas origens na roça:

> (...) voltei à roça e fui escutar mais tia Figena e aí fui escutar os outros, meu pai também se lembrava. (...) Mas eram fábulas, histórias de bichos falantes, e tinha muitas histórias de assombração, histórias de medo. Tinha poucas [histórias] de encantamento, eram duas ou três de encantamento, de príncipes. (...) E eu tive que voltar a buscar essas histórias, relembrar essas histórias (...) E aí fui escutar lá pela roça afora e comecei a perceber que isso era um campo de pesquisa, mas vim perceber isso mais tarde. Naquele momento eu só queria um pouco mais de histórias para contar. E (...) foi um repertório que me acompanhou.

Segundo Fabienne Thiery:

> Quando temos a sorte de descobrir um conto pelo ouvido, de ter escutado a história que vamos contar, herdamos um ritmo, toda a musicalidade da palavra do contador e, ao mesmo tempo, as imagens, suscitadas pelo conto. (...) Quando conhecemos o conto através de um texto, apenas deciframos a trama narrativa, é aí que intervém o papel específico dos novos contadores (2001: 184-5).

Uma vez que o novo contador não recebeu os contos como herança, ele precisa ir ao encontro deles, entrar na floresta dos livros.

Trata-se de uma busca muitas vezes ingrata, pois nem sempre as leituras brindam o contador com o encantamento. Não se pode esquecer também a verdadeira "provação", que é a leitura de contos freqüentemente mal escritos.

Roberto Carlos Ramos, que como todo contador contemporâneo também recorre às fontes escritas, junta-se a Thiery quanto à "provação" na leitura de textos mal escritos, inclusive a reedição dos clássicos:

Sem dúvida têm algumas histórias que são verdadeiras pérolas da literatura. Mas hoje, infelizmente, na nossa literatura contemporânea, nós temos verdadeiras porcarias no sentido de criatividade, de imaginário, são pobres, e nós temos verdadeiras pérolas (...) quando eu chego em qualquer cidadezinha eu só compro livros [os clássicos] em sebo. (...) Reeditados, mas às vezes com uma roupagem tão pobre, porque querem contextualizar a história e a coisa fica de uma pobreza muito grande.

A pesca não é frutífera todos os dias, porque também nem todos os contos agradam a todos os contadores, mas é freqüente deparar com o conto certo quando menos se espera. O trabalho do contador a partir do texto requer um cuidado na escolha das palavras para que elas estejam afinadas com as imagens que o contador pretende mostrar. Segundo Thiery, é nesse sentido que está o projeto artístico do contador, que prepara a forma que será dada ao conto que irá transmitir. Para ele, o trabalho a partir da escrita obriga o contador a ser mais que o artesão de uma transmissão.

Seu trabalho, que tornará o conto novamente "escutável", beira o do tradutor; para fazê-lo é necessário colocá-lo numa língua que conhece as leis da oralidade, que são diferentes das leis da escrita.

É como se o conto, por ter sido escrito, fixado, tivesse perdido seu poder de comunicação. Para prepará-lo à escuta, é necessário ficarmos com ele muito tempo, como em gestação, dar-lhe novamente forma, com nossas próprias forças (Thiery, 2001: 185).

Então, buscar os contos nos livros para contá-los é como tirar um peixe de uma rede para devolvê-lo à água. Quer dizer, devolver a um alimento coletivo a possibilidade de se propagar e de se multiplicar, de ir ao encontro daqueles que têm necessidade dele (idem, p. 183).

Praline Gay-Para também realça a importância de adaptar os contos retirados das fontes escritas para a oralidade, na boca de quem vai contá-los, e para os ouvidos que vão escutá-los. Esse é um processo próprio de cada contador, diz ela. Muriel Bloch, por exemplo, reescreve inteiramente os contos porque, segundo ela, é por meio da escrita que ela pode insuflar nas palavras sua própria maneira de sentir e de dizer. Ela necessita ver as palavras escritas para impregnar-se delas.

Outros não necessitam passar por essa etapa; deixam o conto amadurecer em seu interior lenta ou rapidamente, como é o caso de Roberto Carlos Ramos, que lê uma vez: "Eu não me preocupo com as palavras, aí novamente eu leio com aquela questão do primitivo. A minha leitura transforma em formato o que aconteceu."

Rosana Montalverne, como Roberto Carlos Ramos, lê e visualiza, ou, nas palavras deste último, "formata" o que aconteceu:

> (...) eu gosto de visualizar, por isso eu leio muito, porque quando eu leio eu não escrevo, eu não reescrevo a história, mas eu leio, e ao mesmo tempo que estou lendo, procuro visualizar. Então se eu li um parágrafo e não visualizei, eu leio de novo, até visualizar. A partir do momento em que eu consigo visualizar a história inteira (...) eu sei a história, porque me lembro dela e não da escrita, a escrita sumiu. (...) O processo é assim.

Walkíria Angélica separa a história em blocos e estuda a estrutura:

> É sempre assim, eu preparei a estrutura, me apropriei dela (...) e na hora me vem uma história que eu li, que eu estou com a estrutura e dou conta de contar. (...) Quanto menos eu preparo mais engraçada fica a história. (...) É sempre assim, faço uns esqueminhas... mas sempre dá certo.

Escolhido o conto, o contador deverá dar-lhe uma alma, insuflar-lhe vida. Essa é uma empreitada própria de cada contador, porque cada contador tem uma maneira única de nomear o essencial do conto, que só a ele pertence. Dito nas palavras de Praline Gay-Para, "o processo de maturação do conto no íntimo do contador diz respeito tanto à essência do conto quanto à sua *mise-en-forme*" (2001: 117).

Quando um conto chega à maturidade no interior do contador, este estará pronto para compartilhá-lo com seus ouvintes. Ao fazê-lo, o contador sentirá novas emoções que serão suscitadas pela reação dos ouvintes, novas imagens irão surgir, e com esses novos elementos ele vai trabalhar ainda mais sobre seu conto, polindo-o, fazendo novos ajustes. Assim será a cada vez que contá-lo, até o dia em que ele estará redondo e liso como um seixo.

Nessa etapa, se o conto ainda provoca emoções e dá prazer tanto ao contador quanto aos seus ouvintes, não tendo mais a preocupação da forma, o contador deixa fluir livre sua arte: contador e conto já formam uma unidade. O conto está tatuado em sua memória.

Ao contrário, pode acontecer de um conto cair num automatismo. Isso ocorre quando o conto não vibra mais com o momento pelo qual passa o contador em sua trajetória pessoal, ou quando se esgotou sua substância, ou quando o contador mudou o foco de sua "caminhada".

Nesses casos o conto deve hibernar junto dos outros que passaram pelo mesmo processo, à espera de que, em algum momento, possam novamente ressurgir fortes e renovados. E isso é próprio do ofício dos contadores, um ofício vivo, que mexe, adapta-se, é movente[5].

Como os novos contadores constituem seu *corpus* é também um item importante. Não bebendo na fonte da memória de seu grupo, sua fonte será a escrita. Nesse caso os contos podem ser da mesma cultura do contador, e ele terá maior facilidade em sua transmissão, pois os significados simbólicos contidos neles são conhecidos e assimilados por

---

[5] GAY-PARA, Praline, 2001, pp. 115-22.

todos. O contador pode estabelecer um vínculo de cumplicidade com seus ouvintes porque o imaginário é comum. Isso em nenhum caso isenta o contador de trabalhar sobre eles para melhor transmiti-los.

No entanto, quando os contos são de cultura diferente, o processo de preparação requer, para alguns, até mesmo um trabalho de certa forma etnográfico. O contador deverá apreender o contexto vivo do conto, ou seja, as sutilezas da língua, os símbolos que são próprios da cultura etc.

Mais uma vez, é Praline Gay-Para quem melhor nos apresenta as etapas dessa preparação, exemplificando com o trabalho de alguns contadores.

O contador Jean Louis Le Craver tem em seu repertório muitos contos chineses, que coletou a partir do trabalho de lingüistas, antropólogos, etnólogos etc. Para contá-los, ele fez antes um trabalho de pesquisa sobre essa cultura: visão de mundo, modo de vida, relação com o meio ambiente, costumes, crenças etc. Em seguida reescreveu os contos com suas palavras. Deixou que eles ficassem dentro dele, degustou-os para perceber seu sabor essencial.

Então, submeteu o fruto dessa longa *mise-en-forme* à apreciação de especialistas da cultura.

Após o "de acordo" deles, passou a contá-los em público. Para um desses contos, compôs uma pequena canção que também submeteu a um musicólogo, especialista no Extremo Oriente, antes de dar-lhe forma final. Ele ainda se preocupava com seu gestual, muito europeu para um conto chinês, o que poderia trair o conto.

Catherine Zarcate é também uma contadora que caminha nessa linha, de explorar ao máximo os conhecimentos sobre a cultura do conto que escolheu contar. Ela relata sua trajetória com o conto "Antar": "Eu o estava criando, quando uma amiga me disse: teu deserto é judeu, e o de 'Antar' é árabe."

Essa observação fez com que a contadora, por meio de dezenas de livros sobre o deserto, livros de contos do deserto, relatos de viagens... mergulhasse numa visão árabe, e não judaica, do deserto:

> Eu compreendi que atravessar o deserto não é viver no deserto. Agora quando eu conto "Antar" eu compreendo tudo. Eu o faço com o conhecimento de deserto de Antar (2001: 118-9).

Zarcate explicita sua escolha, que é por uma idéia e não por uma terra, o que não faz com que ela se exima desse mergulho nas culturas; ao contrário, talvez justamente esse seja seu grande motivo:

> Eu creio que há dois tipos de contadores, aqueles de raízes terrenas, regionais, e aqueles cuja raiz não é uma terra, mas uma idéia, e cujo repertório bebe nas fontes do mundo inteiro, representando o território dessa idéia (1987: 8).

> Eu comecei com a questão da familiaridade, sabe? Depois de conhecer os outros contadores, (...) comecei a ouvir mais os outros lugares. E hoje tem esses dois pés, um pé é mesmo para a questão universal (...) e [outro pé, buscando] entender mais esse mineiro, essa cultura mineira, essa forma de entender [o mundo] mineira, que é diferente, sabe. Nós temos um mistério que advém dessas montanhas (...). É claro, obviamente, que para mim é muito mais fácil viajar por Minas do que para outros lugares, e a minha prioridade são histórias que eu escuto, que para mim são fáceis, é mais fácil escutar histórias mineiras, então acabo aprendendo (Roberto de Freitas).

Outra contadora com essa atenção à cultura do conto é Muriel Bloch, que mergulhou durante meses nos manuais de vodu, a fim de compreender a complexidade simbólica de um conto cubano.

Esses exemplos, diz Gay-Para, demonstram que, se um contador talentoso faz o trabalho necessário para merecer um conto de outras culturas, ele o transmite correta e freqüentemente melhor que um nativo que não se dedica a uma reflexão essencial.

Outra situação difícil é quando o contador transmite um conto de sua própria cultura a um público que não o é. Além da dificuldade com a língua, cujos termos e expressões lhe são próprias, existem os significados, os símbolos.

Nesse caso, o que seria mais importante de levar em conta? A fidelidade em relação à cultura de origem ou em relação à emoção que o contador deve proporcionar aos seus ouvintes? Devem-se conservar os mesmos jogos lingüísticos da língua original?

Segundo Gay-Para, a prioridade parece ser a comunicação total, num instante preciso entre o contador e seus ouvintes em torno de sua "palavra". Este é o caso de Roberto Carlos Ramos, que fala de suas modificações no conto "Rumptilsztikin":

> Havia palavras que não faziam parte da nossa linguagem, como fiar. Eu teria que descrever o que era uma roca, que era uma máquina de fiar, aquela coisa toda. É muito melhor ser mágico: bibiti, bibiti, e pow, transformava em ouro.

O exemplo que também ilustra essa situação é o do contador Manfei Obin, da Costa do Marfim:

> Quando eu digo: a lebre escapou pelo telhado, os ouvintes vêem um telhado com uma chaminé. A chaminé é a única saída possível de se imaginar num telhado. Eu devo fazer-lhes ver a palha (Gay-Para, 2001: 120).

Manfei fala também do problema com as onomatopéias, que são muito ricas em sua língua de origem. Devem ser guardadas, se não suscitam ou não sugerem nada numa platéia que não é de sua origem? Ou devem-se buscar onomatopéias equivalentes nessa outra cultura?

As referências à fauna e à flora sempre demandam explicações, diz Mimi Barthelemy, citada por Gay-Para:

> Quando eu falo do *sablier*, eu sempre explico: a árvore cheia de espinhos cujos frutos servem para fazer bolinhas de gude, porque as pessoas não conhecem essa árvore. (...) eu sempre busco recursos na poesia para explicar as coisas, essa é a forma mais adequada de não quebrar a magia do relato. (...) não se trata de dar uma aula de botânica, algumas palavras bastam para dar aos ouvintes as chaves necessárias para seguir os acontecimentos (2001: 121).

Outro tipo de precisão que por vezes se impõe é no caso de uma atividade própria de uma cultura ter particularidades que não precisam ser mencionadas na cultura de origem, mas devem ser elucidadas em outra cultura, diz Gay-Para:

> Quando em um dos meus contos eu falo do vendedor de bolinhos, eu devo ajuntar que o herói o encontrou à tarde. Precisão inútil para uma platéia libanesa que sabe que esse personagem só anda pelas ruas à tarde (2001: 121).

Mas em determinadas situações a precisão também pode imprimir veracidade ao relato. Roberto Carlos Ramos explica assim sua precisão com certos detalhes, como é o caso do vestido da princesa que tinha 542 brilhantes enfileirados:

> (...) a certeza tem que ser tão grande quando você conta a história... eu tenho, por exemplo, o Monstro Marambaia, ele tem uma boca com 352 dentes, aí falam assim: como é que você sabe? Porque contaram, tem 352 dentes, então se você fala 350, é um número muito vago, mas 352 é preciso, a informação é correta, não pode haver dúvida. Isso é fundamental ao contar a história, essa veracidade.

Esses exemplos mostram como o contador deve esclarecer algumas coisas. Não se trata de entrar num grande detalhamento. Não importa se falo em pão pensando no pão do

Oriente enquanto meus ouvintes pensam no pão que eles conhecem. Nesse caso o valor simbólico é universal. Uma explicação só é necessária se tem um papel importante para a compreensão do conto.

Outros contadores também podem relativizar o cuidado com os contos de culturas diferentes, como é o caso de Michel Hindenoch:

> Para mim é claro há muito tempo que os contos não têm nacionalidade, nem origem, eles zombam das fronteiras, eles falam todas as línguas. Eu não faço parte desses que gostariam de colocá-los sob uma bandeira ou um brasão (2001: 406).

Outro dado que vale ressaltar na constituição do repertório são as "encomendas". De alguma forma elas são válidas, mesmo porque acabam obrigando o contador a pesquisar temas ou culturas que de outra forma talvez ele não pesquisasse, e dessa maneira pode ser surpreendido com algumas pérolas. Mas também se corre o risco de tombar sob a "encomenda" de pessoas que, pela pouca familiaridade com o assunto, pedem contos sobre temas como, por exemplo, computadores e informática em geral.

Para Praline Gay-Para:

> A questão da encomenda às vezes é muito difícil, pois a pessoa que contrata o contador, tendo pouco contato (...) com essa palavra anônima e antiga, solicita temas como: Papai Noel, Natal, sobre uma comemoração como a "Revolução", nesse caso o contador deverá explicar que não há contos propriamente sobre a revolução, mas há muitos contos cuja idéia central é a de que os fracos podem vencer os fortes (2001: 116-7).

Walkíria Angélica fala sobre o problema da encomenda:

> No início me encomendavam. Eu aprendi com o Roberto Carlos Ramos, sabe? Foi muito engraçado, porque uma vez eu

pedi para ele contar histórias lá na escola e falei: "Ah! Eu estou trabalhando nisso", ele falou: "Não, sou eu quem escolhe..." Entendeu? Eu, que ia dar sugestões, do que eu queria, já que eu estava... e ele me cortou no ato: "Não! Na hora eu vejo que história vou contar." E nisso eu falei: Gente, que interessante, ele vê as caras dos meninos, né? Beleza. E eu comecei a usar muito isso. Eu levo o repertório... esses dias, na escola da Gabi, a diretora falou que o professor tal estava trabalhando com aventuras. Aí eu falei: Hiii, eu já fico chateada, sabe. Bom, vou ter que frustrar. Para mim, toda história é uma grande aventura. Então eu não gosto. Eu tenho uma resistência com conto encomendado. Normalmente, quando me encomendam, dá tudo errado.

A construção de um repertório é tarefa importante para os novos contadores. Das fontes orais aos livros, levando em consideração a questão da cultura, e até as "encomendas", há no entanto um critério: conto e contador precisam estar afinados, e isso significa que o contador só pode contar bem um conto que esteja em sintonia com sua própria trajetória. Como diz muito bem Roberto de Freitas: "Eu só conto uma história quando essa história me toca, quando ela me diz algo, quando ela me significa algo." E diz também Zarcate:

> Eu leio contos por prazer. De repente, encontro um que me toca, que tem algo a me dizer, nesse momento da minha história, da minha vida. (...) Eu deixo que ele se instale em mim, que faça seu ninho (1987: 7).

É comum que os contadores digam que foram escolhidos pelos contos tanto quanto os escolheram, como diz Catherine Zarcate: "Eu tenho a impressão tanto de escolher os contos como de ser escolhida por eles, de estar a serviço deles" (1987: 8). Rosana Montalverne: "Eu procuro escolher uma história adequada, (...) é até engraçado, mas a história acaba... não sei se eu escolho ou se ela me escolhe."

Também Praline Gay-Para: "O contador pode ler centenas de contos, ou ser escolhido por um só, que vai habitá-lo, porque cria com ele um laço íntimo que lhe permite contá-lo" (2001: 116).

(...) é ele [o conto] que nos reconhece e que nos faz um sinal. Cada um de nós, contadores, pode compreender do que estou falando, e quando esse encontro acontece, então, o contador é tomado de um deslumbramento, de uma comoção que tem mais encanto, no sentido mágico do termo, que sedução. Não basta escolhermos o conto, é indispensável nos sentirmos escolhidos por ele, trata-se de um reconhecimento mútuo que é ao mesmo tempo uma chave e um motor do desejo de dar sua palavra ao conto (Thiery, 2001: 184).

Eu construí meu repertório de maneira intuitiva, escolhendo os contos nos quais me reconhecia o suficiente para ter o desejo de portá-los por minha vez, de ver o que isso me faria, o que faria aos outros, em que eles poderiam ser úteis. Em todo o caso, eu só posso contar os contos que me tocam profundamente e, nessa medida, eles podem pertencer a *corpus* diferentes, isso não me incomoda. (...) Eu não conto para afirmar minhas próprias origens, isso não corresponde aos meus desejos (Hindenoch, 2001: 406-7).

Não se conta bem uma história se ela não for verdadeira. Talvez essa seja a prova mais difícil de ultrapassar. Sem dúvida é por isso que um contador não pode contar qualquer história. Cada um tem seu repertório. Eles só podem contar aquelas histórias nas quais acreditam: quando se trata de histórias vividas, de lembranças, somos carregados por uma espécie de graça, mas, quando contamos [apenas] uma fábula ou um conto, arriscamos ser flagrados em delito de mentira (Abecera, 2001: 175).

Também sobre a verdade, Roberto de Freitas relata uma experiência como jurado num concurso de contadores de histórias, no qual alguns concorrentes não passavam credibilidade enquanto contavam. Do lugar de quem ouviu, ele diz:

> Acho que eles não acreditavam, aí vem a questão da verdade, porque é impossível você acreditar no que está dizendo se não houver verdade. Se a coisa não for verdadeira, de dentro.

Roberto Carlos Ramos atribui sua trajetória de sucesso ao fato de nunca ter sido mentiroso:

> Eu percebi que para os meninos isso era fundamental, alguém que trouxesse o fantástico, o maravilhoso para o mundo real, e não fosse de mentira. (...) a palavra tem a capacidade de encerrar a verdade, mas a verdade que nós acreditamos, aquela que queremos acreditar.

> Um contador sempre conta uma parte de seu ser. Ele sabe do que fala, a quem se dirige e de que maneira. Ele sabe levar seus ouvintes numa viagem de magia e de imagens e trazê-los de volta a bom porto, sem nunca perder o norte (Gay-Para, 2001: 119-22).

> (...) comecei a perceber que a espontaneidade [do contador] é uma espontaneidade de vida mesmo, é o que ele é na vida (...) essa grande qualidade de ser ele mesmo. (...) ser essa pessoa que tem algo a dizer para o outro, através de uma história bem contada. E principalmente de ele saber o que está fazendo (Walkíria Angélica).

> Minha escolha sempre se dá pelo amor à primeira vista, como se meu repertório é que escolhesse o próximo conto e não meu raciocínio. (...) Quando eu encontro um conto, eu penso: "Bom Deus, esse conto é para mim." Isso quer dizer que eu sei do que vou falar quando contar esse conto. Eu posso contá-lo porque sei que é verdade. (...) Eu sou fascinada pelos contos celtas, mas eu sei que eles não são para mim, eu gosto de escutá-los, mas eles não têm credibilidade na minha palavra (Zarcate, 1987: 8).

Eu estou me voltando muito para as histórias de bobos, não sei por quê, eu estou gostando de contar histórias engraçadas, que fazem rir. Então, hoje eu estou buscando esse tipo de repertório (Walkíria Angélica).

Contar, para os novos contadores, diz Thiery, não é algo da ordem de um prolongamento, de uma continuidade a assegurar, como foi para os contadores tradicionais, mas da ordem de um encontro com um certo tipo de conhecimento. Sabemos que ele retorna, querendo reencantar o mundo, reatando a cadeia da oralidade e novamente colocando os contos para girarem nela:

> (...) ao mesmo tempo que emerge a consciência de uma falta específica que seria da ordem de uma desnutrição (...) por carência, e carência pela ruptura do laço com a memória coletiva (...) ruptura com a cadeia por onde circula essa memória, quer dizer, boca a orelha por uma transfusão direta de imagens em palavras, de imagens para nutrir um órgão vital, sem nome, do qual havíamos nos esquecido (Thiery, 2001: 183).

Em sua grande maioria, os contadores de histórias que fazem sua entrada na cena contemporânea engajam-se como agentes responsáveis por uma passagem de testemunho.

Testemunho de um conhecimento ao qual eles são sensíveis e "que nos ultrapassa, mas que chegamos a ignorar, a esquecer" (Thiery, 2001: 184). Dessa maneira, além de divertir, eles cuidam para que a rica experiência de nossos antepassados com esse "conhecimento" não se apague na memória do homem contemporâneo[6].

Numa época em que os momentos de convívio noturno foram trocados pela televisão, esses relatos que os séculos não puderam deteriorar parecem estar em risco de desaparecimento das

---

[6] THIERY, Fabienne, 2001, p. 183.

memórias em algumas décadas (...). Ora, nós temos necessidade de seu conteúdo, porque através deles toda experiência dos anciãos é passada, e nenhuma sociedade humana pode fazer tábula rasa do passado, sob pena de esterilizar-se (Montelle, 2001: 178).

Para Praline Gay-Para (2001), os novos contadores não são filhos da tradição. Eles não são um elo natural na cadeia de transmissão, mas, por meio de suas palavras, sua sensibilidade, seu olhar de hoje, eles tomaram para si a responsabilidade de novamente dar vida a essa "palavra" que se apagava.

Em linhas gerais, essa foi e continua sendo a "epopéia" dos contadores de histórias. Servindo anonimamente a uma "palavra encantada", eles sempre sobrevivem aos reveses. Talvez possamos concluir sua saga até aqui, dizendo:

"... E foi assim, saindo da noite dos tempos, quando as pedras ainda não tinham endurecido, que a velha 'palavra encantada', escondida nos contos, continuou a encontrar ninhos que a acolhessem, na grande família dos artistas da 'palavra'."

Os sábios iniciados das sociedades tradicionais, os poetas e os aedos da antiga Grécia, cujos cantos épicos formaram a *Ilíada* e a *Odisséia*, os intérpretes das lendas históricas que compuseram os *Gesta Romanorum*, os trovadores da França, os bardos bretões, os *minnesinger* da Alemanha, os *juglares* da Espanha, os *griots* africanos, os *fedawi*, os *medha*, os *salek el wahaline*, os *kass* e os *akbari* do Oriente, os contadores de histórias de Trancoso, do Nordeste brasileiro e do resto do Brasil e do mundo... e os avós confiaram às pessoas próximas a eles e às crianças os segredos contidos nos contos. Estes sempre se encarregaram de guardá-los no melhor lugar e no mais seguro: o próprio coração. É por isso que agora estamos aqui, tratando dos contos, dos contadores de histórias e de sua arte.

Capítulo IV
Qual educação?

*"Si on écoute bien des histoires, elles peuvent nous
faire droits comme des allumettes, bons comme le
pain, doux comme le sucre, sages comme le sel et
pleins... comme un oeuf."*

(Cannarozzi, 2001: 172)

Construímos até aqui as bases para finalmente passar à questão central do nosso objeto de estudo: a dimensão educativa da "palavra" dos contadores de histórias na contemporaneidade.

Quem é o contador de histórias? Qual é sua palavra, como é sua arte? Essas foram as questões para as quais buscamos algum entendimento nos capítulos anteriores. Que dimensão educativa pode haver nessa "palavra"? Essa é a próxima questão a ser colocada, mas ela nos remete naturalmente a uma outra, que deve precedê-la: de qual educação estamos falando?

Embora, em seu conceito amplo, a educação cumpra a função de socialização e de humanização do homem (Pérez Gómez, 2000) e tenha na família seu primeiro núcleo, invariavelmente somos levados a uma associação muito rápida e automatizada da educação com a escola. Essa atitude não é de todo equivocada, uma vez que:

(...) a aceleração do desenvolvimento histórico das comunidades humanas (...), a complexização das estruturas e a diversificação de funções e tarefas da vida nas sociedades, cada dia mais povoadas e complexas, tornam ineficazes e insuficientes os processos de socialização direta das novas gerações nas células primárias de convivência: a família, o grupo de iguais, os centros ou grupos de trabalho e produção (Pérez Gómez, 2000: 13).

No entanto, ainda que a escola tenha sido "concebida como instituição especificamente configurada para desenvolver o processo de socialização das novas gerações" (Pérez Gómez, 2000: 13), não podemos nos esquecer de que ela não pode ser considerada a única instância social que cumpre essa função.

Procedendo assim, estaríamos delegando apenas à escola um papel que não é responsabilidade só dela.

Portanto, quando falamos em dimensão educativa da "palavra" do contador de histórias, não estamos localizando-a especificamente na escola.

Na busca de uma definição sobre "qual educação" poderia estar mais identificada com a dimensão educativa da "palavra" do contador de histórias, fazer esse esclarecimento nos pareceu imprescindível.

Não podemos ignorar que nas sociedades de tradição oral essa "palavra" sempre teve um lugar central na educação, como vimos no capítulo I. Mas na sociedade contemporânea, cujos valores são outros, de que forma se manifestaria sua dimensão educativa?

Essa reflexão levou-nos à necessidade de desenhar uma moldura sobre a educação e o ato de educar, dentro da qual pudéssemos inserir, de forma harmônica e com todos os seus matizes, a paisagem própria dessa "palavra".

Para configurar esse desenho, duas variáveis foram consideradas. A primeira delas será abordada em "A palavra que se ouve e a palavra que se vê", tratando da relação com a palavra na cultura oral e na cultura escrita. Entender como a percepção da mensagem – auditiva em uma, visual em outra – orienta os processos mentais em cada uma delas foi nosso objetivo.

Para tanto, apoiamo-nos em Walter Ong, Erick Havelock e McLuhan.

A segunda variável, que abordamos em "A educação do filho do homem", foca nos modelos de sociedade tradicional e contemporânea as concepções de educação e educar. Nossa intenção, aqui, foi investigar os possíveis pontos de convergência nas concepções desses termos, nos dois modelos de sociedade.

Recorremos neste momento ao tradicionalista Hampâté Bâ, que nos deu o esboço da educação na sociedade tradicional, e aos teóricos contemporâneos Jean-Claude Forquin, cuja abordagem sobre educação e cultura e educação como transmissão de cultura nos interessou, e Hannah Arendt que, ao falar da natalidade como essência da educação, iluminou nossa própria percepção sobre o tema.

Enfim, o estudo das duas variáveis é bastante relevante para nossa compreensão sobre "qual educação" pode verticalizar na "palavra" do contador de histórias sua dimensão educativa.

Mas, antes de passar a essas questões, fomos aos nossos colaboradores, que, indagados sobre a questão da dimensão educativa de sua "palavra", responderam enfocando a questão sob dois aspectos.

O primeiro deles, já tratado no capítulo I, poderia ser considerado como as funções educativas de sua "palavra".

O segundo aspecto diz respeito especificamente à sua prática como contadores de histórias, em escolas e instituições de educação não-formal[1]: lugares que geralmente os convidam com objetivos educativos.

---

[1] Estamos considerando como instituições de educação não-formal os centros de treinamento das empresas e as escolas de formação em serviço.

Esse segundo aspecto contribuiu não apenas para que pudéssemos conhecer as idéias que ali se têm sobre a dimensão educativa de sua "palavra", como também para recolhermos da experiência dos próprios contadores suas possibilidades educativas nesses espaços que indiscutivelmente são instâncias importantes nos processos educativos.

1. AS MANIFESTAÇÕES DA "PALAVRA" DOS CONTADORES DE HISTÓRIAS NAS ESCOLAS E NAS INSTITUIÇÕES DE EDUCAÇÃO NÃO-FORMAL

Começaremos pelas escolas de ensino regular formal e a seguir passaremos às instituições de educação não-formal.

Nas escolas

No suplemento Sinapse, do jornal *Folha de S.Paulo*, de 29 de julho de 2003, doze educadores e pensadores brasileiros e estrangeiros foram convidados a refletir sobre os caminhos que o ensino seguirá nas próximas décadas. Desse exercício de "futurologia" brotaram algumas idéias que são totalmente pertinentes aqui. Elas se juntarão às idéias de nossos colaboradores, de outros contadores ou de outros educadores, formando uma trama esclarecedora sobre alguns equívocos no uso da "palavra" do contador de histórias no espaço escolar, mas também sobre sua possível dimensão educativa nesse espaço.

Walkíria Angélica, cuja reconhecida experiência como contadora de histórias em ambiente escolar foi um dos critérios para convidá-la a colaborar conosco neste trabalho, pontua que a "palavra" do contador de histórias tem sido utilizada em muitas escolas de ensino fundamental como mais um recurso didático para ensinar alguma coisa, uma vez que, proposto como um prazer gratuito, o conto parece não encontrar espaço no ambiente escolar:

> Na escola, o conto ainda é muitas vezes um pretexto para ensinar alguma coisa. Então é assim: essa história vai ajudar o menino a aprender matemática? (...) Então a escola ainda usa muito o conto para ensinar matemática, geografia, história... mas tem pessoas na escola que trabalham com o outro lado da história e que começam a questionar: por que o menino pede para repetir tanto? por que ele gosta mais dessa história do que da outra? por que essa história mexeu com ele? Então já tem pessoas que percebem isso, tem outras que não. Isso passa batido e só querem mesmo que o menino aprenda alguma coisa e pronto.

Considerado unicamente como uma "evasão", o que se teme é que o conto desvie a criança do real e dos verdadeiros problemas. Para Jacqueline Held, essa "evasão" é mais um dos paradoxos do conto:

> Nós somos contaminados por um tipo de sociedade que se esforça para muito cedo tornar a criança "rentável" e "eficaz"... Faz-se uma espécie de confusão entre sonho e evasão que, para mim, não são sinônimos. Efetivamente, o conto e o imaginário são ligados ao sonho e procedem do sonho, mas o sonho é forçosamente uma evasão? Quando eu digo paradoxo, quero dizer que por vezes o conto pode parecer uma evasão: apesar de tudo, por que não? Se permitir o prazer?... Esse prazer gratuito não necessariamente impede o conto de, indiretamente, levar a criança ao real, por vezes de conduzi-la a se questionar, tomando distância, um recuo: este do imaginário (1979: 360).

Para Sylvie Loiseau, que vê nos contos um recurso muito mais rico do que tem pretendido a escola, abandoná-los ou relegá-los a um "recurso a mais" significa para o professor "privar-se de um instrumento pedagógico rico e, ao mesmo tempo, privar as crianças de uma iniciação completa à natureza humana" (1992: 9).

Contar é constituir o grupo em torno da palavra do mestre, é escolher colocar em cena uma pedagogia da língua que ultrapassa o campo do utilitarismo imediato, e é também promover a função imaginativa (Loiseau, 1992: 11).

Roberto de Freitas, tanto quanto Walkíria Angélica, sublinha na relação da escola com a "palavra" do contador de histórias uma tendência utilitarista que a reduz a um quase-nada de suas possibilidades:

> Elas [as escola] abrem um pouco na medida em que favorecem essa presença, essa possibilidade, mas é como se aquilo fosse uma coisa eventual, ao acaso, uma bobagem, e vamos voltar para a matemática, vamos voltar para a necessidade. E a necessidade, o imediatismo é isso, tudo acaba sendo para o agora, o que interessa agora, nada é para depois. (...) Quando eu me lembro da minha tia e das possibilidades que ela me abriu [através dos contos], mas é um trabalho de formiguinha que passa pelo nosso próprio processo de formação.

Ainda é Jacqueline Held quem vai ao encontro dos dois contadores:

> "Educar" é semear os grãos e a educação se faz a longo prazo (...) tudo o que concerne à formação do imaginário e da sensibilidade da criança, da inteligência também, é indissociável e só se manifesta a longo prazo. Quando levamos à criança os conhecimentos exatos, pode-se, por um exercício de avaliação, medi-los, mas a formação de sua personalidade profunda não se pode medir (1979: 363).

Entretanto, à parte a visão utilitarista e imediatista comum a muitas escolas, ainda é esse o único espaço em que muitas crianças poderão ter contato com essa "palavra". E, segundo Walkíria Angélica, apesar de tudo, o inconsciente das crianças tem seus meios para se aproveitar dela da melhor forma; para se conhecer e dominar as próprias angústias:

Eu acho que, se a escola for o único lugar onde as crianças têm contato com a história, ela vai ajudá-los a crescer, a se entenderem, a se darem conta das angústias, por isso tem histórias que as crianças gostam mais que outras. Eu acho que é autoconhecimento mesmo.

(...) Além dos saberes que são aprendidos, buscar o desenvolvimento da capacidade de ver, de maravilhar-se diante do mundo, de fazer perguntas e de pensar (Rubem Alves, *Folha de S.Paulo*, 29 jul. 2003).

Criança é o bicho mais esperto que tem, ela está atenta ao professor, e todas as vezes que o professor conta uma história vê que a aula dele rende. O professor acha isso lindo e começa a pensar: por que não ensinar geografia contando histórias, já que deu certo? A criança é muito esperta, ela começa a ter esses momentos de prazer usando o professor. Eu acho que no inconsciente da criança está o seguinte: Oh, se a gente mostrar para o professor que gostamos daquela história do Júlio Verne, ele vai contar mais, e ele vai ficar feliz porque está ensinando geografia pra gente. Então a criança conta o tempo todo que quer história, e o professor usa isso do jeito dele. Mas à medida que vai levando a história para dentro da sala de aula, ele percebe que a criança está se comportando bem, não porque a aula ficou didaticamente mais organizada, mas porque aquela história tem um conteúdo que mexeu com essa criança. Aí, a criança trabalha a ansiedade dela, tem algum ponto da história que ela não agüenta ficar calada e ela mesma se denuncia [através] da identificação com os personagens.

Então uma coisa que eu falo com os professores é o seguinte: você pode fazer o que quiser com a história, mas primeiro conte, fique uns três dias sem voltar na história. Deixe a criança se apropriar da história, porque senão você mata [a história], ... principalmente porque você ressalva sempre os bons da história. E as crianças sempre se denunciam, é muito interessante, depois que eu comecei a fazer essas leituras, e aí eu coloco isso para os professores: ter esse cuidado (Walkíria Angélica).

Pierre Lafforgue afirma: "A prática do conto vai deixar no psiquismo da criança traços interiorizados, eventualmente reutilizáveis em situações conflitivas ou angustiantes de mesma estrutura." Talvez esse "bicho esperto" pressinta mesmo isso.

Outra questão que tem chamado a atenção ultimamente é a proliferação de projetos e iniciativas que associam o contar histórias ao despertar do prazer pela leitura.

Apresentamos essa questão para Walkíria Angélica e temos suas ponderações sobre o tema:

> (...) se eu conto história com esta intenção, de fazer o menino gostar de ler, aí normalmente quebro a cara, porque não é isso, é uma coisa que vem antes, que vem da relação que se tem [com o livro]. Já que o único livro que esse menino tem em casa é a Bíblia, a maioria deles, e se ele chega na escola e tem que fazer festa, dança, tudo [para o livro]. Quando me chamaram para esse negócio do Literatura em Minha Casa, porque o governo mandou um livro diferente para todo o mundo, e fizeram uma festa para entregar (...). Os livros todos embrulhados com papel de presente, com todas aquelas regrinhas de tome cuidado com o livro, não amasse... e me pediram para contar histórias (...) para o menino ficar com vontade de ler (...). Eu levei os meus livros, claro, um monte de livros, e tinha cem crianças no pátio, coloquei-os dentro do saco e joguei no chão. Todo o mundo ficou assim, como é que faz isso com livro? Peguei os mais grossos, uns dicionários, e sentei em cima deles, para ficar na altura dos meninos, quer dizer, usei o livro para sentar (...). Aí peguei um livro e fiz questão de exagerar no trato com o livro, sabe? Falei com eles: Olha, livro é para ser comido. Aí, eu levei meus livros rabiscados, conversei com o livro, questionei, sabe? Levei todos que eu tinha rabiscado, passei para eles (...). Então, eu não contei a história, só depois eu contei, mas na hora eu contei da minha relação com o livro. Que tem que ser um objeto de desejo, de consumo. Do mesmo jeito que você entra na padaria para comprar pão, você entra na livraria para comprar um livro, não sei, minha relação com o livro é essa. Do mesmo jeito que eu

entro para fazer um lanche, eu entro para comprar um livro. E como eles não têm isso, porque o livro é uma coisa elitizada e as escolas elitizam muito mais, eu acho que o papel do contador, hoje, antes de fazer o menino gostar de ler, é ajudá-lo a descobrir que ele pode ter livros. Que não é uma coisa para ricos ou para a classe intelectualizada, senão, não dá prazer nenhum. E eu acho que o papel do contador hoje é essa coisa meio Nasrudin, ou meio Pedro Malazartes, sabe, abusar mesmo, pegar as regrinhas do livro e acabar com aquilo. (...) Tudo que o contador fala o povo diz: "Ah! faz parte da história, né?" O legal é você conversar dessa forma com o outro, (...) se eu chego na escola e falo: Não façam isso com o livro! Elas recebem de uma forma... mas se eu chego e brinco: livro tem que ser comido, livro tem gosto. Eu tenho um avental de cardápio literário. Nossa! Esse livro aqui tem gosto de chulé, história horrorosa. Eu posso pegar um livro, não gostar e parar de ler. Eu acredito que o contador de histórias vai incentivar a criança a gostar de ler, não por causa da história, mas pelo que ele passa da relação que ele tem com esse objeto, que é o livro. (...) Aí a relação de amor que você tem com o livro... se você gosta você cuida. Então é isso que eu tento passar pros meninos, sabe? Tenho um livro que é lindo, que chama *O mundo da lua do Monteiro Lobato*, que são fragmentos de coisas que ele fala... eu achei num sebo, eu levo esse livro velhinho. Aí os meninos vão pegar: "Esse não, esse aqui é do meu coração. De 1923, esse eu não quero que ninguém ponha a mão." A primeira coisa é isto: desmistificar esse prazer pela leitura, que para mim é uma balela. Que eu vou contar histórias e o menino vai gostar de ler? É preferível ouvir do que ler, não é?

Os processos de pensamento próprios da situação de oralidade e de escrita não são apenas diferentes, são também necessários e igualmente importantes à "evolução da consciência humana" (Ong, 1998: 195).

Havelock diz que "bons leitores surgem de bons falantes". Bons falantes, por sua vez, surgem de bons ouvintes. Isso nos leva a propor que, antes de pensar em contar histórias para incentivar a leitura, talvez tenhamos que pensar em contá-las para formar bons ouvintes e bons falantes. O prazer com a leitura e também com a escrita talvez possa vir de uma forma muito natural, como o passo seguinte no processo de relacionamento do indivíduo com as várias formas de expressão da palavra.

Numa proposta de educação ampla – e por ampla entendemos, como Costa[2], uma educação interdimensional, ou seja, na qual as diversas dimensões constitutivas do ser humano, a saber: o *lógos* (razão), o *páthos* (sentimento), o *éros* (corporeidade) e o *mythos* (espiritualidade), sejam trabalhadas de forma equilibrada e harmônica –, a "palavra" do contador tem lugar garantido.

Roberto Carlos Ramos aponta o incremento da prática docente, por meio dos recursos que são próprios da arte do contador de histórias, como uma dimensão educativa dessa "palavra".

Ele sugere que o professor desenvolva certas habilidades, que poderiam ser de grande valia no contexto da educação escolar. A capacidade para colocar-se em sintonia com seus alunos, como faz o contador de histórias com seus ouvintes, é a primeira delas e poderia ajudar o professor a perceber melhor as necessidades e possibilidades de seus alunos:

> A escola, muitas vezes, quer levar o mundo real para os meninos, demonstrando como é que [ele] funciona, como é a prática (...). Mas o professor às vezes não percebe que existe um degrau muito grande no próprio meio, na forma de comunicação, que distancia aquilo que ele quer passar daquilo que os meninos querem aprender. O professor tem que ter sensibilidade, como contador de histórias, de perceber qual o nível de abstração daquela turma, [se dar um tempo] para perceber a turma (...). O primeiro momento é a percepção da turma, qual é o grau de abstração, onde eu faço gancho para

---

[2] COSTA, Antonio Carlos Gomes da, *Folha de S.Paulo*, 29 jul. 2003, Suplemento: Sinapse, n.º 13.

resgatar, para puxar essa turma. Eu acho que o professor, quando percebe esse degrau no processo educacional, tem que usar de todos os meios pra atingir o aluno.

Para o professor Gérard Vincent, a palavra do professor só "passa" se corresponder a um desejo. Nisso deve haver uma espécie de cumplicidade tácita. Um de seus alunos inventou o conceito de *coer-séduction*[3], significando que para fazer passar uma mensagem é necessário que haja uma certa coerção, ou seja, que o locutor esteja numa posição de legitimação (no caso, essa posição é a de professor que presumidamente detém um saber); e uma sedução, ou seja, uma capacidade de encantar, fator indispensável para fazer passar a informação. É sob esse ângulo que a atividade do professor se aproxima da arte do contador de histórias:

> (...) se você ficar empoleirado sobre seu saber, sem tentar verificar no olhar dos outros se isso passa ou não passa, então... É preciso não esquecer que é o ouvinte que recria o que lhe dizemos, que ele escuta através de uma opacidade que filtra, faz desviar o que lhe dizemos em relação ao que ele mesmo pensa de uma forma consciente ou inconsciente (Vincent, 1991: 4).

Apesar de tantas evoluções tecnológicas, a palavra "magistral" do professor ainda é imprescindível ao processo de educação. O professor precisa ser "primitivo" para cumprir seu papel de "ponte" entre o aluno e o mundo, diz Roberto Carlos Ramos:

---

[3] Segundo o dicionário *Le Nouveau Petit Robert*, Paris, 2002: "Koer n. m. 1508; 1135 cuer; 1080 quer, coer (...) essa palavra vem do latim *cor, cordis,* 'coração; sede do sentimento e do espírito', ligada como o grego *kardia* a uma raiz indo-européia (...) a família é formada sobre o latim (acordar, concordar, cordato, cordial...)." Em português, *coer-séduction* seria o equivalente a uma sedução acordada. *Coer*: co-ação, no sentido de ação acordada pelas partes, e *séduction*: encanto, fascínio.

Eu percebo que, hoje, o professor é o elemento-chave, é a ponte no processo educacional, ele não é o único elemento porque, na verdade, hoje se aprende muito mais fora da escola do que dentro dela. Isso é patente e notório para todo o mundo, mas o professor tem que ser essa ponte. Ele tem que usar os meios que estão disponíveis para passar isso. Mais do que nunca, com toda a tecnologia, eu considero que o professor tem que ser ainda primitivo naquilo que antigamente se ensinava falando, quando (...) não tinha fita, não tinha nada, tudo era passado falando, contando-se alguma coisa, e ficava muito mais, ninguém esquecia aquilo que era falado, que era contado. Então o professor tem que ser um pouco primitivo nesse sentido de usar muito mais o vocabulário, de incorporar palavras interessantes, e ter curiosidade, e ao mesmo tempo funcionar como motivador.

Ao pensar a escola do futuro, Gilberto Dimenstein profetiza que ela deverá ter professores treinados para atuarem como facilitadores, transitando em várias esferas do conhecimento, pois as matérias não estarão presas ao currículo definido no ano anterior, mas ao calor do cotidiano, e por isso, segundo ele:

> O educador e o comunicador tendem a se aproximar: afinal o professor terá de tirar proveito dos fatos em seu tempo real e encaixá-los nas áreas das ciências humanas, biológicas ou exatas (...). Terá surgido uma nova linguagem (e uma nova profissão), misturando didática e comunicação (*Folha de S.Paulo*, 29 jul. 2003).

Podemos depreender dessa fala uma aproximação tanto do que diz Roberto Carlos Ramos quanto do que diz Amadou Hampâté Bâ sobre o modelo de educação nas sociedades tradicionais. Isso nos confirma que a arte dos contadores de histórias poderá contribuir em muito com a prática dos professores, num modelo futuro de educação.

Segundo Roberto Carlos Ramos, é preciso trabalhar conceitos, criando-os junto com os alunos à maneira do contador de histórias que, estimulando o imaginário dos seus ouvintes, constrói o texto com eles na situação da *performance*. Esse é outro aporte da arte do contador de histórias para os professores:

> Eu acho que, no mundo todo, o próprio processo educacional é uma metamorfose tão constante, é tão dialético, o processo educacional. Eu sinto até que um dos grandes problemas da educação hoje, principalmente no Brasil, que [é onde] nós temos um contato mais direto, a deficiência que os professores estão sentindo em tratar com os alunos é pela própria questão conceitual. Eles têm um padrão estabelecido e acham que têm que trabalhar em cima desse padrão (...) E o processo educacional, (...) não é alguém passando informação e alguém recebendo informação (...). Então, não pode ser um conceito preestabelecido (...). Tem que ter uma conceituação, (...) mas tem que ter essa compreensão de que ela vai se modificar durante o percurso, sabe, em tudo que faltou (...) as dificuldades que os professores estão sentindo hoje de tratar com os alunos, muitas vezes, eu sentia isso, [é porque] os nossos alunos e muitas gerações têm vivido sem o lance da imaginação, sem o lance da curiosidade, sem a fomentação de perspectiva, e o imaginário ajuda nisso de uma maneira muito interessante.

Para o professor Rui Canário, da Universidade de Lisboa, é necessário que na escola se aprenda pelo trabalho e não para o trabalho, como se faz atualmente ao subordinar a educação escolar à racionalidade econômica vigente:

> É na medida em que o aluno passa à condição de produtor que nos afastamos de uma concepção molecular e transmissiva da aprendizagem, evoluindo da repetição de informação para a produção de saber (...) é preciso caminhar no sentido de desalienar o trabalho escolar, favorecendo o seu exercício como uma "expressão de si", quer dizer, como uma obra, o que permitirá passar do enfado ao prazer (*Folha de S. Paulo*, 29 jul. 2003).

Encontramos nessa característica almejada pelo educador Rui Canário para a escola do futuro a relação com a fala anterior do nosso colaborador. Outra contribuição da arte do contador de histórias para o professor é apontada por ele, quando sugere que primeiro é o professor quem deverá acreditar no que diz. Como o contador de histórias o professor poderá constituir o grupo em torno de sua palavra e com uma cumplicidade entre as pessoas, que é própria das comunidades em que todos se sentem responsáveis, participantes e têm objetivos comuns:

> A primeira coisa que eu falo com os professores é: ao se apresentarem para uma turma, sejam o mais comum possível para se integrarem, contem a história de vocês pra essa turma e deixem bem claro que vocês estão ganhando para trabalhar com eles, porque não venham com essa de que eu trabalho por amor, porque, quando o salário atrasa, todo o mundo faz greve, os alunos sabem disso, então não vem com essa, de que eu ganho mal, que é a pior coisa, que não adianta, tem que falar, eu estou aqui porque eu preciso de dinheiro sim, e vou fazer o melhor possível para trabalhar com vocês. É criar essa proximidade com o aluno, essa cumplicidade. (...) o professor tem que mostrar ao aluno que ultimamente ele é (...) tão miserável quanto o aluno, mas ele tem alguma coisa a mais para propor mudanças (...) e isso é feito com muita imaginação, não pode ser com coisas preestabelecidas.

Para Philippe Perrenoud, um grande problema da escola hoje e que deverá subsistir nas escolas do futuro é o da heterogeneidade dos alunos: "O sistema educativo acolhe crianças e adolescentes muito diferentes. Caso continue indiferente às diferenças, o fracasso escolar persistirá" (*Folha de S.Paulo*, 29 jul. 2003).

Hoje o professor que entra com a aula preparada corre um sério risco de "dançar" em sala de aula, porque são elementos ímpares na sala de aula, são pessoas diferentes (...) como estabelecer uma aula, preparar alguma coisa, já um ano antes, dois anos antes para trabalhar com elementos que são ímpares na sua forma de pensar, de agir? Então eu acho que a aula tem que ser construída a partir do momento em que o professor entra na sala de aula, com os alunos.

Perrenoud completa dizendo que nenhuma tecnologia, nenhuma reforma estrutural funciona se não houver a mediação pedagógica, mas esta deverá ser confiada a professores cada vez mais qualificados, com ampla cultura na área das ciências humanas, forte orientação para as práticas reflexivas e capacidades de inovação.

Além dessas competências sublinhadas por Perrenoud e até mesmo para se autodesenvolver, Roberto Carlos Ramos recomenda que o professor exercite seu próprio imaginário, pois é com um imaginário ágil que se pode ter essa "ginga de cintura":

> [O professor] só vai ter ginga de cintura se ele for imaginativo, se ele for criativo, se ele tiver vivenciado, sabe, essa extraordinariedade, não pode ser comum em todo o processo dele, ele tem que ser diferente. E geralmente os professores que fazem mais sucesso lá na escola são aqueles que são extraordinários, são diferentes.

As instituições de educação não-formal

Atualmente, no contexto da formação em serviço, tem sido corrente a participação dos contadores de histórias, cuja "palavra" já tem lugar garantido nos programas de treinamento de muitas empresas.

Sem dúvida alguma, a utilização dessa "palavra" nesse âmbito e para fins educativos já constitui por si só um outro objeto de pesquisa pela complexidade envolvendo as questões do trabalho na atualidade, tema que aqui não caberia abordar com profundidade.

No entanto, a experiência dos contadores de histórias nos fornece alguns dados relevantes sobre a forma como se tem utilizado essa "palavra" nesse contexto e com que objetivos.

No caso de Rosana Montalverne, sua fala parte de uma prática, cuja eficácia é comprovada. Sua atuação é num tipo de escola não-convencional; ela coordena a equipe de professores da Escola do Judiciário e relata sua experiência:

> No nosso processo educacional da Escola do Judiciário do Estado de Minas Gerais, o Tribunal de Minas, temos que preparar os funcionários, os juízes, e até os colaboradores da instituição. Então a história entra de cara, primeiro a história da casa. (...) E eles adoram, tanto os funcionários quanto os juízes, quando entram, e outros colaboradores quando têm algum trabalho lá, têm que entender a história, como começou? Como é a história disso aqui? Como é isso aqui? (...) a gente conta histórias mesmo, inclusive das pessoas (...) a gente conta para eles, desde a história do Geraldo que serve o cafezinho lá, há trinta anos, e que é uma figura, até a de um desembargador (...) E tem processos antigos, [como o processo] da dona Beja, [porque] (...) como é que eu vou trabalhar num lugar, e acho que serve para qualquer empresa (...), se eu não conheço a história dessa empresa? Se eu não sei como ela era, quando era pequenininha, depois, como foi que as pessoas fizeram para que ficasse assim, hoje? O que a gente ainda tem para fazer, que história nós temos pela frente? Eu acho que isso serve para qualquer um. No Tribunal tem dado supercerto, sabe, isso integra as pessoas na casa de uma maneira incrível. Então, as histórias são usadas aí. A história é usada em outros momentos também, em todos os treinamentos. Treinamento, por exemplo, de relacionamento pessoal.

Ao dar sentido às ações que pareciam corriqueiras na vida das pessoas, ao tratar dos lugares por onde passam essas pessoas, como lugares especiais com uma origem e uma finalidade importantes, a "palavra contadora" transforma em "história" o cotidiano, antes simples, banal, quem sabe maçante.

É com os elementos desse cotidiano que o contador de histórias — habituado a um "mundo encantado" em que as coisas mais insignificantes podem se transformar em "acontecimentos" — poderá construir algo que valha um lugar seguro na memória de quem o ouve. Fatos podem virar experiências a ser compartilhadas, contadas.

Nesse caso, o contador de histórias não está falando dos personagens bizarros ou maravilhosos de seus contos, mas por meio da arte de sua "palavra contadora" está encantando a realidade do dia-a-dia.

Um dos paradoxos do conto, diz Jacqueline Held (1979), é a relação entre o real e o imaginário, sempre muito ambígua. O relato não é bem-sucedido e não toca as pessoas se não estiver enraizado na experiência, no vivido. É por isso que o real e o imaginário são indissociáveis.

Dessa forma, a "palavra" do contador favorece que laços de amizade e de cumplicidade se criem ou se estreitem. E uma atitude responsável e participativa sempre pode nascer do sentimento de pertencimento, favorecido por laços assim, que se trançam na difusa fronteira entre o real e o imaginário.

As instituições de educação não-formal parecem ter descoberto rápido que a linguagem da mudança é a linguagem de imagens[4] e por isso têm buscado na "palavra" dos conta-

---

[4] Um breve panorama sobre a teoria dos hemisférios cerebrais pode nos dar algumas indicações sobre a utilização dos contos como meio para provocar mudanças. Num enfoque bastante atual sobre o tema, Robert Ornstein (1998, p. 163) fala em "texto" e "contexto" para se referir às especialidades próprias de cada um dos hemisférios cerebrais. No hemisfério direito, estariam a capacidade de armazenar muitos significados para uma mesma palavra, a compreensão de metáforas e analogias, e também o significado da entonação da voz, do ritmo, do discurso e das expressões faciais e corporais que usamos para nos comunicar, pois grande parte do nosso discurso é indireto.

dores de histórias um recurso para acelerar os processos de aprendizagem, as mudanças de mentalidade e as transformações que, tendo origem no imaginário do indivíduo, são sólidas e duradouras.

No hemisfério direito, está a nossa capacidade de decodificar a informação externa e montá-la num campo de visão, que tornará possível nossa compreensão geral da cena. Isso significa contextualizar. Ornstein define *contexto* como reunião de fatos: "É essa reunião de informações sobre quem somos, o que podemos fazer, o que existe ao nosso redor, quem está conosco e o que eles podem fazer e entender que determina nossa compreensão de onde nos encontramos no mundo e na vida. As palavras que pronunciamos, por mais importantes que sejam, são apenas o texto que sinaliza os detalhes da vida. Grande parte das pesquisas recentes sobre linguagem e os dois lados do cérebro revela indícios surpreendentes e importantes de que os dois lados lidam com duas partes muito diferentes do mundo" (ORNSTEIN, 1998, p. 163).

O contexto confere significado à linguagem na medida em que organiza a informação para torná-la compreensível. Entender o significado é ter uma perspectiva geral do mundo ao redor e de nosso lugar nesse mundo. Sem esse processo de contextualização, o texto é palavra morta, distante da experiência e da realidade pessoal. O hemisfério direito está, portanto, envolvido na complexa produção literária.

Por sua vez, o hemisfério esquerdo cuida do texto básico, das características convencionais da língua: a escolha de palavras, a sintaxe e o significado literal. Os dois hemisférios são necessários aos elementos da linguagem – texto e contexto. Uma excessiva ativação do hemisfério esquerdo pode resultar numa interpretação equivocada da realidade, que seria, nesse caso, vista pelas suas partes isoladas. Por outro lado, ativá-lo adequadamente é contar com a possibilidade de um recurso lingüístico mais rico.

A partir de seus estudos sobre as mudanças dos indivíduos em processos terapêuticos, Paul Watzlawick (1980) postula que é o hemisfério direito que está implicado nos processos de mudanças das pessoas, pois é nele que se forma nossa imagem do mundo. Essa imagem de mundo pode ser considerada como a síntese mais vasta e complexa que o indivíduo pode realizar em relação ao mundo percebido, e ela se forma a partir de suas múltiplas experiências, lembranças e opiniões. Tanto quanto nos processos terapêuticos, nos processos que envolvem educação, a mudança é esperada, e a linguagem da mudança é uma linguagem de imagens, uma linguagem analógica, metafórica, como diz Watzlawick (1980). Segundo Robert Ornstein: "O

Embora de maneiras diferentes, como podemos notar, os contadores Roberto Carlos Ramos, Roberto de Freitas e Rosana Montalverne, ao falarem de seu trabalho nessas instituições, expõem essa questão:

Os professores que estão na casa, eu mesma, minha equipe sempre têm um repertório de histórias, todo mundo é estimulado a contar histórias, porque como a gente mexe com educação, o tempo todo a história tem que estar presente, porque a pessoa aprende muito mais rápido com uma história do que se você ficar explicando A + B = C. Eu sempre exemplifico com a história. Claro, você tem que ensinar do jeito tradicional, mas a história, ela agrega muito, sabe, então isso é perceptível, isso no Tribunal já virou a cultura da casa. Então lá dentro da escola judicial a gente começa ouvindo histórias, durante os treinamentos a gente está sempre exemplificando, utilizando, lançando mão das histórias para enriquecer os treinamentos. Na preparação para aposentadoria são muitas histórias, inclusive trazemos aposentados para contarem a sua história, aposentados que tiveram uma história legal depois que saíram, porque é muito complicado esse momento para a maioria das pessoas, então a gente chama e eles contam história (Rosana Montalverne).

(...) a história tem uma utilidade na educação, é uma riqueza, digamos assim, porque ela possibilita que você aprenda de um jeito só seu, que você compreenda. Então eu acho que não dá mais para abrir mão da história no processo educativo,

uso da metáfora, surpreendentemente, envolve o hemisfério direito. As metáforas, de forma bastante semelhante à linguagem indireta, ao sarcasmo ou à ironia, transmitem um significado diferente do literal. (...) Sem o hemisfério direito, (...) entende-se o texto, mas não o contexto (...). Entender o significado, seja de uma piada, seja de uma história, é sinônimo de ter uma perspectiva geral sobre o que está acontecendo. (...) Material técnico praticamente não contém imagens (...). As histórias, por outro lado, geram muitas imagens; acontecem muitas coisas ao mesmo tempo. O significado de uma história surge por meio de estilo, imagens e sentimentos. Por isso as histórias despertam o hemisfério direito" (ORNSTEIN, 1998, pp. 69-103).

no dia-a-dia, e o que é a educação do juiz? O que é a educação do funcionário da Justiça? É preparar as pessoas para decidirem melhor, para atenderem melhor, é preparar as pessoas para fazerem o seu trabalho da melhor maneira possível. Se a gente consegue fazer tudo isso, e a pessoa entendendo a história daquilo tudo, entendendo o porquê daquilo tudo, e sabendo outras histórias também que ela pode dar de exemplo, é uma educação muito mais rica do que uma casa que não tem histórias (Rosana Montalverne).

(...) sempre peço para a empresa, porque a empresa está pagando naquele momento, por que ela contratou essa palestra e qual o objetivo da palestra? E eu incorporo esses elementos nas histórias, assim como os pais que queriam passar uma lição de moral para os filhos antigamente, ele ia puxar a orelha de uma vez, ele contava uma história, uma lenda que ilustrasse aquilo, e o menino tirava o que ele achava interessante, a conclusão que ele achava interessante. Eu faço a mesma coisa hoje com as histórias, e o sucesso é fantástico (Roberto Carlos Ramos).

(...) eu não posso propor falsas soluções ou não posso ser técnico para falar alguma coisa... se vocês produzirem, quem sabe vocês ganham dinheiro e tudo mais. Eu preciso contar uma história em que o menino vendeu tantos baldes, que ele ficou cheio da grana, construiu um castelo para ele. Trabalhar com o imaginário da pessoa eu acho que é muito interessante e fica. Tanto é que fica que já tive a oportunidade de encontrar pessoas que diziam: assisti à sua palestra oito anos atrás, lá na empresa, (...) você falou aquele negócio, todo mundo ficou assim... fica alguma coisa, porque o imaginário permitiu à pessoa construir na mente. As empresas são carentes disso, esse processo de melhoria de qualidade, de padrão de qualidade. Perceberam que técnica não adianta. O objetivo de toda empresa é trabalhar, ter lucro, sem dúvida alguma é a finalidade dela, não adianta falar que em primeiro lugar vem o ser humano, isso é mentira, em primeiro lugar o lucro sim, mas eles perceberam que o lucro não tem sentido se as pessoas estão infelizes no contexto do processo de produção. Então, as pessoas se tornam felizes pelo menos por uma hora, ficam felizes, no momento em que eu estou ali, mas pelo retorno que dão, eu percebo que eles continuam bem durante um certo tempo ainda. E em alguns locais é possível até pessoas tomarem atitudes diferentes, numa empresa, por exemplo, criaram agora o grupo de voluntários, fora da fundação, tem pessoas que são dispensadas três ou quatro horas por semana, para fazerem algum trabalho voluntário, o grupo permitiu, o dono permitiu que se fizesse isso, a partir da minha palestra. Eles queriam se juntar e fazer alguma coisa extra, queriam ser extraordinários. Então, as empresas chamam para isso hoje (...) chamam para trabalhar com a imaginação das pessoas, então vamos trabalhar com isso (Roberto Carlos Ramos).

(...) quando eu vou (...) fazer uma palestra em uma empresa, eu tenho uma palestra que chama "Pra que nossa história também tenha um final feliz", eu sento primeiro com a empresa e a gente faz um diagnóstico (...). Então, em cima disso começo a desenvolver: "Ah! Roberto, a gente tem um problema danado com isso... Ah! Nosso problema é complicado, é de fofoca" (...) Então eles levantam as queixas e em cima disso eu faço um diagnóstico, em cima desse diagnóstico eu crio um repertório, que, acredito, vá de certa maneira exemplificar algo para essas pessoas. Então monto a palestra em cima dessas histórias e vou contando essas histórias (...) e a história é uma universalidade de coisas, são várias carapuças que se encaixam (Roberto de Freitas).

2. A PALAVRA QUE SE OUVE E A PALAVRA QUE SE VÊ

Tradição oral e tradição escrita, segundo Calvet (de acordo com Ong, cultura oral e cultura escrita), designam duas formas de comunicação lingüística: uma privilegiando a percepção auditiva e a outra, a percepção visual da mensagem. Com valores distintos e com uma relação igualmente distinta com a palavra, tradição oral e tradição escrita definem também duas formas de sociedade (Calvet, 1997: 6).

Nos séculos XVIII e XIX, em que a ideologia predominante era da cultura escrita, os termos *oral* e *oralidade* eram associados ao termo *popular*.

Contrapondo-se a *oral/popular*, tínhamos *escrito/erudito*. Essa ideologia fez com que a palavra *oralidade* ocupasse discretamente seu lugar na ordem alfabética dos dicionários à espera de um significado que a libertasse de sua condição de limbo alfabético, o que veio a acontecer ainda na primeira metade do século XX.

A Segunda Guerra Mundial abalou as estruturas desse modelo de pensamento, e as ciências humanas, e em seu rastro os "estudos literários", encarregaram-se dessa tarefa, abrindo janelas pelas quais se podiam ver outros horizontes. Por uma delas, diz Havelock, entrou o termo *oralidade*, por tanto tempo "negativo" em relação à escrita.

Num primeiro momento, os estudos que suscitou foram exclusivamente classificatórios, mas uma obra em especial, publicada em 1928, viria influenciar as pesquisas em todas as áreas: *O epíteto tradicional em Homero*, de Milman Parry. Numa época em que era praticamente impossível aceitar que uma boa obra pudesse ter origem na oralidade, foi publicado o trabalho de Parry, mostrando as evidências de que a *Ilíada* e a *Odisséia* tinham sido compostas na linguagem oral. Era o início da moderna teoria oralista homérica.

Mas os anos 1960 foram o divisor de águas, com quatro obras importantes que colocaram o termo em evidência, impulsionando uma série de estudos, sob a perspectiva de sua importância como sustentação de toda comunicação verbal – tendência bastante diferente da que considerava a escrita como base da linguagem.

Essas obras foram, em 1962, *A galáxia de Gutenberg*, de McLuhan, e *O pensamento selvagem*, de Lévi-Strauss; em 1963, "As conseqüências da cultura escrita", artigo dos antropólogos Jack Goody e Jan Watt, e *Prefácio para Platão*, de Erick Havelock (Havelock, 1995: 18-9).

Cada um desses autores, dentro de sua área, cercou a seu modo os termos *oralidade* e *oralismo*, que atualmente

(...) caracterizam sociedades inteiras que têm se valido da comunicação oral, dispensando o uso da escrita. E por fim são usadas para identificar um certo tipo de consciência, que se supõe ser criada pela oralidade ou que pode se expressar por meio dela (Havelock, 1995: 17).

Partindo, então, desse ponto de vista, Havelock propôs a equação oralidade-cultura escrita. Sob essa abordagem, a relação entre oralidade e cultura escrita passou a ter o caráter e uma tensão mútua e criativa.

A cultura escrita "também passou a ser considerada como condição social e estágio mental com seus próprios níveis de linguagem e de conhecimento expressos por meio da grafia" (Havelock, 1995: 17).

Segundo Olson, duas correntes de pesquisa se delinearam a partir daí: uma interpreta as mudanças culturais associadas às mudanças nas formas de comunicação, em termos de alterações nas práticas sociais e institucionais e, ao mesmo tempo, presume que os processos cognitivos individuais permaneceriam em grande parte os mesmos; outra corrente interpreta essas mesmas mudanças culturais em termos de alterações psicológicas, formas alteradas de representação e formas de consciência (Olson, 1995: 163-4). Walter Ong é uma das vozes importantes nessa segunda corrente, ao lado, entre outros, de McLuhan e de Erick Havelock.

Os conceitos que eles desenvolveram e as discussões que propõem em torno do tema *oralidade* e *cultura escrita* deverão iluminar-nos aqui, em nosso intuito.

Segundo Ong, estudos que contrastam a oralidade com a escrita são relativamente recentes. Entre os estudiosos, a tendência é sempre a de considerar a escrita como base da linguagem. Saussure (1857-1913) chamou a atenção para "a primazia do discurso oral que sustenta toda a comunicação verbal". Mesmo assim, diz Ong, esse autor ainda considerava a escrita "como complemento do discurso oral, e não transformadora da verbalização" (Ong, 1998: 13).

O primeiro ponto importante na abordagem da cultura oral primária é o significado que tem a palavra. Nascidos e criados na cultura escrita, pondera Ong, para nós é muito difícil compreender exatamente a relação do homem das sociedades orais primárias com a palavra. No nosso caso a palavra é grafada, podemos vê-la, tocá-la, podemos armazená-la em textos, em livros, esquecê-la e, quando precisarmos, procurá-la onde a deixamos.

Nas sociedades de tradição oral, a palavra apenas existia quando narrada; "quando uma história oral contada e recontada não está sendo narrada, tudo que dela subsiste é seu potencial de ser narrada por outros seres humanos" (Ong, 1998: 20).

Portanto, sugere-nos Ong, se quisermos nos aproximar dessas sociedades, é sobre o som e o sentido da audição que devemos refletir. O som existe quando está deixando de existir. Ele é perecível e evanescente. Não se pode possuí-lo ou detê-lo. Uma palavra dita é assim irrecuperável quando lançada ao vento.

Para Ong, o fato de os povos orais julgarem as palavras dotadas de uma potencialidade mágica está provavelmente relacionado à sua percepção da palavra como necessariamente falada, proferida e, portanto, dotada de poder.

"A redução das palavras a sons acaba por determinar não apenas os modos de expressão, mas também os processos mentais" (Ong, 1998: 44).

McLuhan (1974)[5], intuindo a importância de se considerar a questão dos sentidos na apreensão da realidade, traba-

---

[5] CARPENTER, Edmund e MCLUHAN, Marshall (orgs.), 1974, pp. 87-93.

lhou sobre a oposição entre audição e visão, entre o oral e o textual: "O poder vinculativo da tradição oral é tão forte que o olho está subordinado ao ouvido. No princípio era o Verbo: uma palavra falada, não a visual do homem letrado" (McLuhan, 1974: 87).

Segundo esse autor, no nosso mundo, concebemos como real o que podemos ver. Os olhos focalizam, localizam, abstraem, situam cada objeto no espaço físico, contra um fundo. Nas culturas pré-letradas (como ele chama a oralidade primária de Ong), a audição é o sentido que primeiro orienta as experiências.

Diferente do espaço visual, o auditivo não tem ponto de focalização favorecido, não tem fronteiras no sentido visual. "É uma esfera sem limites fixos, espaço feito pela própria coisa, não espaço contendo a coisa" (McLuhan, 1974: 90). O espaço auditivo tem a capacidade de suscitar toda gama de emoções (McLuhan, 1974: 87-90).

Ong abordou da seguinte forma a questão dos sentidos ao tratar as culturas oral e escrita:

> A vista isola; o som incorpora. A visão situa o observador fora do que ele vê, a uma distância, ao passo que o som invade o ouvinte. A visão disseca, como observou Merleau-Ponty (1961). A visão chega a um ser humano de uma direção por vez: para olhar para um aposento ou uma paisagem, preciso girar meus olhos de um lado para outro. Quando ouço, no entanto, reúno o som ao mesmo tempo de qualquer direção, imediatamente: estou no centro do meu mundo auditivo, que me envolve, estabelecendo-me em uma espécie de âmago da sensação de existência (...). Podemos mergulhar no ouvir, no som. Na visão, não há uma maneira análoga de mergulhar em si mesmo. Ao contrário da visão – o sentido da dissecação – o som é, desse modo, um sentido unificador. A propósito, um ideal visual típico é a clareza e a distinção. (...) O auditório ideal, por outro lado, é harmonia, é um colocar junto (1998: 85-6).

Segundo Ong, os seres humanos, nas culturas orais primárias, aprendem pela prática – caçando com caçadores experientes, por exemplo; pelo tirocínio, que constitui um tipo de aprendizado; aprendem ouvindo, repetindo o que ouvem, assimilando e dominando profundamente materiais formulares como os provérbios e os adágios, e os modos de combiná-los e recombiná-los; participando de um tipo de retrospecção coletiva – não pelo estudo. As fórmulas ajudam a implementar o discurso rítmico e funcionam como apoios mnemônicos, como expressões fixas que circulam pelas bocas e ouvidos de todos.

Na educação oral, esses padrões de pensamento são como uma trilha pela qual os seres humanos passam refletindo com inteligência sobre as situações de sua vida. A própria lei está encerrada em adágios formulares e provérbios.

Nas culturas orais, um pensamento que não fosse refletido em termos formulares, padronizados, mnemônicos não poderia ser recuperado com eficácia como é na escrita (Ong, 1998: 46).

Ampliando a opinião de Parry de que a fórmula está armazenada na memória como instrumento de ajuda à improvisação, Havelock diz que grande parte da retórica é constituída pela sabedoria proverbial e por sentimentos habituais de comunidade (1995: 28-30).

A criança, segundo Havelock, absorve o que chamamos de tradição da sociedade pela língua, pois a tradição só pode ser armazenada pela língua, a qual é memorizada e transmitida de geração a geração. Lembrando Homero, ele diz ainda que as epopéias gregas podiam ser vistas como imensos repositórios de informação cultural. Um dos objetivos do épico era o armazenamento de informações, e isso se fazia por meio do entretenimento:

> O épico deve contar uma história em que os personagens sejam pessoas fazendo coisas ou sofrendo o efeito delas, com

uma notável ausência de pensamento abstrato. Pode-se refletir, mas sempre como ser humano, e nunca como filósofo, intelectual ou teórico (1995: 30).

Para Havelock, os segredos da oralidade estão no uso da língua para armazenar informações na memória. Sua sintaxe deve descrever uma ação ou uma paixão, mas nunca princípios ou conceitos.

Quando se percebeu que o registro total dos sons lingüísticos poderia ser armazenado de maneira nova, os mecanismos da memória oral, como este, foram lentamente substituídos pela prosa documentada, pelas primeiras filosofias.

Essa foi a revolução conceitual, nela os mecanismos da memória oral foram lentamente substituídos pela prosa documentada. Mas a palavra poética, durante muito tempo, ainda conservou um papel funcional, ou seja, didático na sociedade européia.

Pode-se afirmar que somente no século XX a lógica da transferência da memória para o documento foi plenamente realizada. Na verdade, nossa cultura é uma cultura prosaica.

Entretanto, continua o estudioso: "a herança oralista ainda pode funcionar, suas formas de expressão constituem complemento necessário à nossa consciência abstrata da cultura escrita" (Havelock, 1995: 32).

Os poetas há muito tempo usam a palavra como fórmula cabalística, evocando a imagem visual mediante a acentuação mágica da acústica. O homem pré-letrado tinha consciência desse poder da audição para tornar presente a coisa ausente. A escrita anulou essa magia porque era um meio mágico rival para tornar presente o som ausente (McLuhan, 1974: 92).

No entender de Havelock, a criança é prematuramente exigida para ler um texto. Coloca-se assim uma pressão muito grande sobre o sentido da visão em lugar de treinar os ouvidos da criança para ouvirem e pedir que repitam oralmente o que ouviram. Para ele, essa prática talvez iniba o total desenvolvimento da cultura escrita, ao omitir os estágios necessários ao processo de desenvolvimento, em que a prática oral se torna companheira íntima da palavra reconhecida visualmente.

Segundo Ong, o pensamento e a expressão numa cultura oral tendem a ser mais aditivos que subordinativos; mais agregativos que analíticos; mais redundantes ou "copiosos"; conservadores ou tradicionalistas; próximos ao cotidiano da vida humana; de tom agonístico; mais empáticos e participativos do que objetivamente distanciados; homeostáticos e mais situacionais que abstratos (1998: 41-69).

Não se pode negar que a aquisição da escrita significou a perda de muitas capacidades que apenas na oralidade podem se desenvolver, pois a relação do homem com a palavra é completamente diferente. Essa diferença dita também valores.

Pelo fato de armazenar o conhecimento fora da mente, a escrita – e mais ainda a impressão tipográfica – deprecia as figuras do sábio ancião, repetidor do passado, em favor dos jovens que trarão as novidades.

As culturas orais produzem realizações verbais preciosas e de grande valor artístico, e que "já não são sequer possíveis quando a escrita se apodera da psique" (Ong, 1998: 23). Contudo, é com a escrita que a consciência humana pode "atingir o ápice de suas potencialidades, [e nesse sentido] a oralidade está destinada a produzir a escrita" (Ong, 1998: 23).

Sem a cultura escrita, seria impossível o desenvolvimento da ciência e das artes e da própria linguagem, que inclui a fala.

Compreende-se melhor a cultura escrita a partir dos estudos sobre a oralidade. Os processos de pensamento na cultura escrita não nascem de capacidades meramente naturais, mas da estruturação dessas capacidades, direta ou indiretamente, pela tecnologia da escrita:

Sem a escrita, a mente letrada não pensaria e não poderia pensar como pensa, não apenas quando se ocupa da escrita, mas normalmente, até mesmo quando está compondo seus pensamentos de forma oral. Mais que qualquer outra invenção, a escrita transformou a consciência humana (Ong, 1998: 93).

Na cultura escrita, a palavra associa-se às coisas que ela nomeia, as palavras são rótulos colados às "coisas", que não constituem ações, são imóveis, "num sentido radical estão mortas" (Ong, 1998: 43).

A escrita também difere da fala pelo fato de não brotar do inconsciente. O processo de registrar a linguagem falada é governado por regras conscientemente planejadas e interrelacionadas.

Diferente da linguagem oral, que é natural, a escrita é artificial. Mas isso, diz Ong, não significa condená-la, afinal a artificialidade é natural dos seres humanos.

Como outras criações artificiais, a escrita é indispensável para a realização de potenciais humanos mais elevados, interiores.

As tecnologias – e a escrita é uma delas – não constituem meros auxílios exteriores, mas sim transformações interiores da consciência e mais ainda quando afetas à palavra. Adequadamente interiorizadas, elas não rebaixam a vida humana, pelo contrário, acentuam-na. Assim, a escrita aumenta a consciência.

Em seu sentido comum, a escrita foi e é a mais importante de todas as invenções humanas. Não é um mero apêndice da fala. Em virtude de mover a fala do mundo oral auricular para um novo mundo sensorial, o da visão, ela transforma tanto a fala quanto o pensamento.

O distanciamento que a escrita realiza desenvolve um novo tipo de exatidão na verbalização. As palavras escritas refinam a análise, pois se exige mais das palavras individualmente. Com a escrita, as palavras uma vez exteriorizadas, postas na superfície, podem ser eliminadas, apagadas, mudadas (Ong, 1998: 98-120).

Na escrita, o discurso é separado de seu autor e portanto não pode ser diretamente questionado, não há como refutar diretamente um texto. A escrita torna a linguagem desvinculada do contexto[6].

Ao separar o conhecedor do conhecido, a escrita permite uma articulação crescente da introspecção, abrindo a psique como nunca ao mundo objetivo externo, muito diferente dela própria mas também do eu interior com o qual o mundo objetivo é comparado. A escrita torna possíveis as grandes religiões introspectivas, como o budismo, o judaísmo, o cristianismo e o islamismo, que possuem textos sagrados. A escrita desenvolve códigos em uma linguagem diferente dos códigos orais na mesma língua (Havelock, 1963: 122).

A interação entre a oralidade na qual todos os seres humanos nascem e a tecnologia da escrita, na qual ninguém nasce, atinge as profundezas da psique:

> Onto e filogeneticamente, é a palavra falada que primeiramente ilumina a consciência com a linguagem articulada, a primeira que divide o sujeito e o predicado e depois os relaciona entre si, e que estabelece laços entre os seres humanos na sociedade. A escrita introduz a divisão e a alienação, mas também uma unidade maior. Ela intensifica a percepção do eu e alimenta uma interação mais consciente entre as pessoas. A escrita eleva a consciência (Ong, 1998: 199).

A cultura escrita abre possibilidades à palavra e à existência humana de uma forma inimaginável sem ela. No entanto,

---

[6] HIRSCH JR., E. D., *The philosophy of compositio*. Chicago e Londres: University of Chicago Press, 1977, pp. 21-3, 26; e OLSON, David R., "On the Language and Authority of Textbooks". *Journal of Communication*, 30 (4), inverno de 1980, pp. 186-96, citados por ONG, 1998, p. 93.

a oralidade não deve ser menosprezada; ela é capaz de produzir criações que estão fora do alcance dos que pertencem à cultura escrita. Tanto a oralidade quanto o desenvolvimento da cultura escrita, baseado nela, são necessários à evolução da consciência (Ong, 1998: 195).

McLuhan, comentando a insistência em se valorizar apenas a cultura escrita e tudo o mais que ela representa em detrimento da oralidade, comenta:

> Misticismo, intuição são palavrões entre os cientistas. A maior parte do nosso pensamento realiza-se de acordo com modelos *visuais*, mesmo quando se demonstra que um modelo auditivo poderia ser mais eficiente (1974: 88).

Havelock propõe que o desenvolvimento da criança reviva de alguma forma as condições de nosso legado oral, ou seja, que o ensino da cultura escrita se desenvolva de modo que seja precedido por um currículo que inclua canções, danças e recitação, além de vir acompanhado pela contínua instrução nessas artes orais. Bons leitores, argumenta ele, surgem de bons falantes, capazes de recitar, pois a recitação, que para as crianças é tão natural, preenche as condições orais: ela é narrativa, e em grande parte rítmica. Por fim, Havelock coloca a questão:

> Se nossos antepassados foram mais cultos do que somos, teria sido porque aprenderam a falar bem muito antes de lerem bem, adquirindo um amplo vocabulário por meio da prática retórica? (1995: 28).

Os hábitos lingüísticos fazem parte de nosso legado biológico, que pode ser complementado pela cultura escrita mas jamais será suplantado por ela. "Se tentarmos suprimir esses hábitos, estaremos incorrendo em perigo" (Havelock, 1995: 31).

A mudança da oralidade para a escrita não é a única causa nas mudanças da psique e da cultura, mas está intimamente entrelaçada com outros desenvolvimentos psíquicos e sociais (Ong, 1998: 195).

3. A EDUCAÇÃO DO FILHO DO HOMEM

Quem se torna um sujeito, é educado e se educa é um filho do homem, diz Bernard Charlot: "A condição primacial do indivíduo humano deveria ser o fundamento basilar de qualquer teoria da educação, qualquer que seja a disciplina a que se filie" (2000: 51).

Para definirmos, finalmente, a educação que poderíamos associar à "palavra" do contador de histórias, demos "ouvidos" primeiro a Amadou Hampâté Bâ.

Segundo ele, a educação tradicional começa no seio da família: o pai, a mãe e os irmãos mais velhos são os primeiros mestres e educadores. As primeiras lições da vida são dispensadas por eles, não apenas pela experiência, mas pela narração de contos, fábulas, lendas, máximas, adágios etc. Os provérbios, diz o tradicionalista, são as missivas legadas pelos ancestrais à posteridade.

Descrevendo a educação na etnia peul, cujo modelo é próprio das sociedades tradicionais, ele diz: a educação comporta três grandes fases. A primeira é a educação da juventude, que vai do nascimento aos vinte e um anos. Na segunda, dos vinte e um aos quarenta e dois anos, o ensinamento dispensado visa aprofundar os conhecimentos recebidos até então.

Enfim, a partir dessa idade, na terceira fase, o indivíduo torna-se educador e até os sessenta e três anos deve transmitir sua experiência aos mais jovens. Após essa idade, se quiser, pode continuar a ensinar ou não. De toda forma já se pode considerá-lo um homem completo, no sentido de que percorreu seu caminho de homem em direção à própria evolução e deu sua contribuição às novas gerações.

A educação dada pelos velhos (termo que nada tem de pejorativo) comporta uma parte prática ligada ao trabalho (criação de animais, caça, agricultura...) e uma parte oral importante.

Os ensinamentos não são dados de forma sistematizada, num programa progressivo, escalonado em séries e bem dividido no tempo, como acontece na escola ocidental.

Nesse modelo de sociedade, a educação não é dividida em ensino fundamental, médio ou superior, ele é dado ao mesmo tempo, de acordo com os acontecimentos e as circunstâncias da vida.

Essa forma de proceder pode parecer caótica, mas de fato é prática e muito divertida. A lição que é dada por ocasião de um evento ou de uma experiência grava-se profundamente na memória da criança.

Durante um passeio no bosque, o encontro de um formigueiro será ocasião para o velho mestre dispensar conhecimentos variados, de acordo com a idade e o interesse de seus ouvintes.

Tanto ele poderá falar do animal em si e das leis que regem a vida de toda a classe de seres à qual ele pertence, quanto poderá dar uma lição sobre a vida em coletividade, que deve repousar sobre a solidariedade e sobre a grande força que constitui a união de pequenas forças reunidas.

Trata-se assim de um ensinamento por símbolos e parábolas. Cada acontecimento ou incidente da vida pode ser ocasião para múltiplos desdobramentos e para se contar um mito, um conto, uma lenda. Cada fenômeno permite a evocação dos mistérios da unidade da vida.

Citando um conto iniciático, "Kaydara", que representa esse tipo de ensinamento, por símbolos, Hampâté Bâ diz: o conto "Kaydara" é contado para todas as gerações; cada uma terá sua forma de apropriar-se dele de acordo com as experiências que a idade lhe possibilitou ter.

Nesse conto, três heróis são apresentados. Eles empreendem uma viagem, ou melhor, uma busca, cujo objetivo é a realização plena do indivíduo suscetível de penetrar os mistérios da vida.

O homem, de fato, é considerado como capaz de viver de acordo com três estados: um estado grosseiro, inteiramente relacionado ao exterior, chamado "casca"; um estado mediano, mais refinado, chamado "madeira"; e um estado essencial, central, chamado "coração".

Entre os heróis desse conto, um representa a "casca" e o outro, a "madeira". Esses não terminarão sua viagem. Um será lançado fora como uma "casca", e o outro, queimado como a "madeira". Somente o terceiro, Hamadi, que representa o "coração", chegará a bom porto, tendo transposto vitoriosamente as sutis provas semeadas sobre seu caminho. Cada um desses três viajantes simboliza um estado de nosso ser total. No curso de sua viagem, eles deparam com acontecimentos ou animais, em que cada um é um símbolo a decifrar. Entre os símbolos encontrados e os ensinamentos dispensados pelo caminho, não há nada que não possa ser interpretável para uma aplicação à vida cotidiana[7].

Segundo Forquin (1993), a relação entre educação e cultura é uma relação íntima, seja no sentido amplo de educação como formação e socialização do indivíduo, seja no domínio escolar; e pressupõe transmissão de conhecimentos, competências, crenças, hábitos, valores (que formam o conteúdo da educação), de alguém para alguém. Educação é sempre comunicação.

Para ele, o conteúdo da educação não é redutível ao que há de particular e de contingente na experiência subjetiva

[7] HAMPÂTÉ BÂ, Amadou, *Dire*, n.º 17, 1993, pp. 12-7.

ou intersubjetiva imediata. Na verdade, esse conteúdo é a moldura, o suporte de toda experiência individual possível:

O conteúdo que se transmite na educação é sempre alguma coisa que nos precede, nos ultrapassa e nos institui como sujeitos humanos. Pode-se perfeitamente dar-lhe o nome de cultura (Forquin, 1993: 11).

A palavra *cultura*, intrinsecamente ligada à educação, tem um espectro semântico tão vasto que requer, por sua vez, uma definição. Podemos tomar por exemplo, entre muitas outras, as cinco acepções possíveis de coexistir num mesmo texto, bastando que cada um desses empregos seja claramente identificado:

– uma acepção "perfectiva" tradicional;
– uma acepção positiva ou descritiva das Ciências Sociais;
– uma acepção "patrimonial" diferencialista ou identitária;
– uma acepção universalista-unitária;
– uma acepção filosófica, que opõe globalmente cultura e natureza.

Há no termo uma tensão entre o individual e o coletivo, há um pólo normativo e outro descritivo, e ainda uma ênfase universalista e outra diferencialista.

Nas Ciências Sociais contemporâneas, a acepção é puramente descritiva e objetiva: "A cultura é considerada como o conjunto dos traços característicos do modo de vida de uma sociedade, de uma comunidade ou de um grupo" (Forquin, 1993: 11).

Na acepção tradicional, é individual, normativa, "promocional"; segundo Camilleri (1985), é "perfectiva", com uma conotação elitista; e segundo Henri Marrou (1948) é "o conjunto das disposições e das qualidades características do espírito 'cultivado' ".

No caso da função de transmissão cultural da educação, o termo significa essencialmente

um patrimônio de conhecimentos e de competências, de instituições, de valores e de símbolos, constituído ao longo de gerações e característico de uma comunidade humana particular, definida de modo mais ou menos amplo e mais ou menos exclusivo (Forquin, 1993: 12).

Enquanto obra coletiva, e bem coletivo objetivável, esse patrimônio distingue-se da cultura no sentido subjetivo e "perfectivo", pois este não é monopólio do homem "cultivado". Também se distingue da cultura no sentido descritivo e científico, na medida em que é o produto de um processo perpétuo de seleção e decantação, sendo suporte de memória e obra de memória, e revestido de uma conotação sagrada (Forquin, 1993: 12).

No caso dos discursos identitários, o termo é carregado da ênfase pluralista e diferencialista, até mesmo nacionalista. Mas no vocabulário da educação deve-se conceder ao lado da ênfase pluralista e diferencialista um espaço para a noção universalista e unitária de cultura humana; ou seja, não se deve perder de vista que o essencial daquilo que a educação transmite (ou deveria transmitir) vai além das fronteiras entre os grupos humanos e os particularismos mentais, advindo de uma memória comum e de um destino comum a toda a humanidade.

A definição de cultura como moldura, suporte ou forma de toda experiência individual possível que "nos precede, nos ultrapassa e nos institui enquanto sujeitos humanos" faz eco às reflexões de Hannah Arendt sobre o que ela chama "a natalidade". Segundo a filósofa, diz Forquin: "Os seres humanos nascem num mundo que preexiste a eles, que não é naturalmente o seu, e no interior do qual se tem a responsabilidade absoluta de introduzi-los e de acolhê-los como os sucessores imprevisivelmente novos" (1993: 13).

Toda a reflexão sobre a educação e a cultura pode assim partir da idéia segundo a qual o que justifica fundamentalmente e sempre o empreendimento educativo é a responsabilidade de ter que transmitir e perpetuar a experiência humana considerada como cultura. Nesse sentido, afirma Fourquin:

> (...) a cultura é o conteúdo substancial da educação, sua fonte e sua justificação última: a educação não é nada fora da cultura e sem ela (...) Reciprocamente (...) é pela educação que a cultura se transmite e se perpetua: a educação "realiza" a cultura como memória viva, reativação incessante e sempre ameaçada, fio precário e promessa necessária da continuidade humana (1993: 13-4).

A educação, diz Arendt, jamais permanece tal qual é, ela se renova continuamente por meio do nascimento, da vinda de novos seres humanos ao mundo, e está entre as atividades mais elementares e necessárias da sociedade humana.

Esses recém-chegados não se acham acabados, mas em um estado de vir a ser. Eles precisam ser formados, educados, para viver no mundo ao qual acabaram de chegar.

Na educação, os pais assumem não apenas a responsabilidade pela vida e pelo desenvolvimento da criança mas também pela preservação do mundo. Ao mesmo tempo que eles devem proteger a criança do mundo, devem proteger o mundo para que ele não seja destruído pelos recém-chegados.

O lugar tradicional de proteção da criança é a família; é nela que pode haver segurança e os primeiros aprendizados necessários para se viver no mundo (Hannah Arendt, 1972: 234-6).

O educador está em relação ao jovem como representante de um mundo pelo qual deve assumir a responsabilidade, embora não o tenha feito e ainda que secreta ou abertamente possa querer que ele fosse diferente do que é. Essa responsabilidade não é imposta arbitrariamente aos educadores; ela está implícita no fato de que os jovens são introduzidos por adultos em um mundo em contínua mudança (Arendt, 1972: 239).

A modernidade configura um modelo de cultura completamente diverso do que poderíamos chamar cultura, e esse é um paradoxo complicado.

Como acumulação e cristalização de toda a experiência humana, a "cultura" soa estranha à modernidade, cujo mote é a mudança rápida e constante de tudo e cujo valor supremo é também a rapidez em apresentar o novo que logo se tornou velho. Para Paul Lengrand[8]:

O que é novo é a aceleração do ritmo das transformações. As inovações que, antigamente, exigiam o trabalho de várias gerações têm lugar atualmente numa só geração. De dez em dez anos os homens são confrontados com um universo físico, intelectual e moral que representa transformações de uma tal amplitude que as antigas interpretações não são mais suficientes.

Para Jofre Dumazedier[9]:

Muito mais rápido do que antes, a verdade transforma-se em preconceito, a eficácia em rotina, a beleza em molde-padrão e a ética em dogmática. Isso deixa uma dúvida crescente sobre a pertinência da cultura herdada dos séculos passados e transmitida pela escola ou pela universidade.

---

[8] LENGRAND, Paul, *Introduction à l'éducation permanente*, Paris: Unesco, 1970, p. 12, citado por FORQUIN, Jean-Claude, 1993, p. 18.

[9] DUMAZEDIER, Jofre, "L'éducation permanente et le système de l'éducation en France", in: *L'école et l'éducation permanente: quatre études*. Paris: Unesco, 1972, pp. 13-101, citado por FORQUIN, Jean-Claude, 1993, p. 18.

O homem moderno, comenta Marc Froment-Meurice[10], não é mais o homem que sofre a ruptura entre o passado e o presente, entre o antes e o depois, mas o homem que carrega em si mesmo a ruptura como o objeto mesmo de sua vontade.

A modernidade é uma exigência de "autoliberação", ou, antes de tudo, a exigência de poder decidir de maneira soberana e constantemente revogável suas referências (Forquin, 1993: 19). Mas isso é uma condenação a começar sempre do zero. Começando sempre do zero, o destino do homem só pode levar à degeneração de tudo que seus ancestrais apuraram durante milênios de experiências. Essa degeneração é a própria expressão da barbárie.

A educação como transmissão de valores protege o homem da barbárie. Mas para fazê-lo é necessário que haja autoridade legitimada para essa transmissão.

Como diz Arendt[11], na educação a responsabilidade pelo mundo assume forma de autoridade, mas na atualidade e na vida pública e política a autoridade não representa mais nada, em virtude das arbitrariedades de governos totalitários, violentos, que nada têm a ver com autoridade, ou, por outra, de governos que desempenham um papel altamente contestado.

Uma autoridade legítima sempre existiu, associada à responsabilidade pelo curso das coisas no mundo.

Na educação não pode haver ambigüidades diante da autoridade. As crianças não podem derrubar a autoridade educacional, como se estivessem sob a opressão de uma maioria adulta – embora esse tratamento absurdo das crianças como minoria oprimida e carente de libertação tenha sido efetivamente submetido à prova na prática educacional

---

[10] FROMENT-MEURICE, Marc, "Modernité absolument". *Le temps de la réflexion*, 1985, v. 6, pp. 139-61, citado por FORQUIN, Jean-Claude, 1993, p. 19.

[11] ARENDT, Hannah, 1972, capítulo 5: "A crise na educação", pp. 221-47.

moderna, caso em que a autoridade foi recusada pelos adultos. E isso somente pode significar uma coisa: que os adultos se recusam a assumir a responsabilidade pelo mundo ao qual trouxeram as crianças.

Arendt sublinha a conexão entre a perda de autoridade na vida pública e política e nos âmbitos privados e pré-políticos da família e da escola:

> O homem moderno (...) não poderia encontrar nenhuma expressão mais clara para sua insatisfação com o mundo, para seu desgosto com o estado de coisas, que sua recusa a assumir, em relação às crianças, a responsabilidade por tudo isso (1972: 241).

O conservadorismo no sentido de conservação, diz a autora, faz parte da essência da educação, cuja tarefa é sempre proteger alguma coisa: a criança do mundo e o mundo da criança, o novo do velho e o velho do novo. Mas isso apenas no âmbito da educação (e apenas da educação, pois na política não é assim que as coisas devem funcionar e é preciso não confundi-las).

A crise da autoridade na educação guarda a mais estreita conexão com a crise da tradição, ou seja, com a crise de nossa atitude diante do passado. O problema da educação no mundo moderno está no fato de, por natureza, ela não poder abrir mão nem da autoridade nem da tradição e ser obrigada, apesar disso, a caminhar em um mundo que não é nem estruturado pela autoridade nem mantido coeso pela tradição.

Na nossa civilização, a educação deixou de ter por finalidade introduzir as gerações mais jovens no mundo como um todo. Ela se voltou apenas para um segmento limitado e particular que é a atuação no mundo profissional para o qual se qualifica pelo diploma. Mas, avalia Arendt:

> Não se pode educar sem ao mesmo tempo ensinar. Uma educação sem aprendizagem é vazia e, portanto, degenera, com

muita facilidade, em retórica moral e emocional. É muito fácil, porém, ensinar sem educar, e pode-se aprender durante o dia todo sem por isso ser educado (1972: 246-7).

Forquin, navegando em águas como as de Arendt, afirma:

> Educar alguém é introduzi-lo, iniciá-lo numa certa categoria de atividades que se considera como dotadas de valor (...), não no sentido de um valor instrumental, de um valor como meio de alcançar uma outra coisa (tal como o êxito social), mas de um valor intrínseco (...). Ou ainda é favorecer nele o desenvolvimento de capacidades e de atitudes que se considera como desejáveis por si mesmas, é conduzi-lo a um grau superior (...) de realização (1993: 165).

A modernidade traz uma reversão de perspectiva entre a temporalidade do homem e a do mundo. "O homem da tradição é um 'transeunte', cuja vida se escoa, vulnerável, em meio a uma paisagem imutável, na qual reside toda sabedoria" (Forquin, 1993: 18).

A paisagem da modernidade, ao contrário, é que se transforma e se desfaz numa rapidez sempre crescente. O que impulsiona essa mudança é a técnica que comanda todas as variáveis. Tudo se esgota com tanta rapidez, que é impossível adaptar-se, e a memória cultural satura-se sem que antes possa ser assimilada.

Educação no sentido que nos interessa aqui é formação do humano, respeito pela vida do planeta e dos seres que nele habitam. Não educar nossas crianças é expulsá-las do nosso mundo e abandoná-las à própria sorte.

Educar é um ato em que o amor, no sentido empregado por Maturana (2002), se concretiza. Segundo ele, a emoção fundamental que define o humano não é a agressão, mas o amor que se manifesta na coexistência e na aceitação do outro como legítimo. O modo fundamental da relação humana, portanto, não é a luta, mas a colaboração.

Para Humberto Maturana, humanos não têm que lutar contra as forças da natureza e vencê-las para sobreviver. Essa história de dominação que subjuga, de apropriação que exclui e nega o outro, se origina no patriarcado; mas na Europa, que é nossa fonte cultural, antes do patriarcado se vivia em harmonia com a natureza.

O pensador pergunta: para que educar? E conclui:

> Para recuperar essa harmonia fundamental que não destrói, que não explora, que não abusa, que não pretende dominar o mundo natural, mas que deseja conhecê-lo na aceitação e respeito para que o bem-estar humano se dê no bem-estar da natureza em que se vive. (...) Quero um mundo em que respeitemos o mundo natural que nos sustenta, um mundo no qual se devolva o que se toma emprestado da natureza para viver. Ao sermos seres vivos, somos autônomos, no viver não o somos (2002: 34).

Guardadas as distâncias no tempo (da sociedade tradicional à contemporânea) e as impostas pela geografia (contadores e especialistas falando de diversos pontos do planeta), temos na palavra de todos esses interlocutores um discurso que em essência nos conduz a um denominador comum: a educação que pode encontrar na "palavra" dos contadores de histórias um recurso poderoso é essa que se encarrega da transmissão da cultura.

O tradicionalista Hampâté Bâ nos apresenta a forma como essa educação se dá em uma sociedade como a sua, em que o papel dos mais velhos, legitimados pela experiência, é relevante nessa transmissão.

Arendt denuncia, na contemporaneidade, o lugar vago de uma autoridade legítima para cumprir com essa função e sublinha os riscos para uma sociedade que não preserva suas tradições culturais.

Forquin pontua a responsabilidade, para a educação, de transmitir e perpetuar a experiência humana considerada como cultura.

No nosso entender, essa é a dimensão formadora e socializadora da educação.

Segundo Neidson Rodrigues[12], inspirado em Kant, a educação, entendida como processo de formação humana:

> (...) é uma totalidade, pois sua ação formativa abarca tanto a dimensão física quanto a intelectual, tanto o crescimento da competência de cada educando para se autogovernar quanto a formação moral que o leve a um adequado relacionamento com os outros homens.

No sentido que lhe deu Adorno, "formação nada mais é que a cultura tomada pelo lado de sua apropriação subjetiva" (1996: 389).

Portanto, à questão "Qual educação?", propomos: a educação cujo objetivo é formar o ser humano para que ele possa estar em harmonia consigo mesmo, com seu meio ambiente e com seus semelhantes. É em sua dimensão formativa que a educação pode encontrar na força dessa "palavra" um recurso poderoso.

---

[12] RODRIGUES, Neidson, "Educação: da formação humana à construção do sujeito ético". Revista *Educação & Sociedade*, ano XXII, n.º 76, out. 2001, e ADORNO, Theodor W., *Disonancias: Musica en el mundo dirigido*. Trad. para o espanhol Rafael de las Veja. Madri: Ediciones Rialp, 1966, citados por CARNEIRO, Natália M., 2003, pp. 135 ss.

CONSIDERAÇÕES FINAIS
UM ANTIGO TEAR PARA TECER COM NOVOS FIOS

"Minha história acabou, ela irá de cozinha em cozinha e nos trará um grande cacho de tâmaras que nós comeremos juntos."

Na introdução deste trabalho explicitei meu grau de envolvimento com o objeto de pesquisa. No entanto, não poderia ainda prever como esse envolvimento poderia se manifestar. Agora, chegando ao final, torna-se claro que se manifestou na forma da construção da narrativa. Até certo ponto, ela se deu "à moda" dos contadores de histórias, cujo ofício os torna tecelões.

Assim, ocorreu-me tecer numa mesma trama as idéias expressas na palavra dos teóricos, na dos contadores de histórias de outras terras, na dos nossos colaboradores e na minha própria.

Em muitos momentos, ao final de uma página inteira, fui obrigada a retornar ao início para distinguir as autorias. Tarefa tanto mais penosa para uma contadora de histórias habituada à polifonia de uma palavra que apenas é construída na expressão do coletivo, e que sem assinatura torna-se propriedade de todos os que dela necessitam, seja pelo simples prazer de passá-la à frente, seja porque nela encontram a tradução para seus anseios.

Em outros momentos, tive que optar entre, de um lado, a clareza e a objetividade, naturalmente esperadas em um texto acadêmico, e, do outro, um *patchwork* de abordagens, como foi o caso do tratamento dado à "palavra" do contador de histórias no capítulo I.

Talvez fosse possível retalhar essa "palavra" para, ao final, apresentar uma definição aceitável e clara, mas assumi a opção de mantê-la como o todo indissociável que é, em detrimento de tal possibilidade.

Tão temerário quanto me pareceu abordar tal "palavra" sem considerar as características próprias de sua natureza, parece-me sua aclimatação no contexto contemporâneo.

Sobretudo dois itens nos chamam a atenção nesse sentido. O primeiro diz respeito ao seu uso apenas como "própria para espetáculos".

> Todo processo civilizatório é um jogo de perdas e conquistas. A cada lance há um novo risco, uma nova ameaça. As mudanças operam rupturas que, apesar de muitas vezes desestabilizarem a ordem estabelecida, trazem algo de novo (Souza, 1996: 195).

Para se comunicar com o homem contemporâneo, essa velha "palavra" poderá adquirir tantas características novas, caso se queira apenas transformá-la em mais um espetáculo, que sua natureza acabará se desvirtuando e o resultado pode ser seu rápido esgotamento.

Adquirindo *status* de grande espetáculo, o objetivo do contador pode resumir-se tão-somente a divertir o espectador:

> (...) que não deve ter necessidade de nenhum pensamento próprio. Como produto, [sua palavra] prescreve toda reação: não por sua temática que desmorona na medida em que exige o pensamento – mas por meio de sinais. Toda ligação lógica que pressuponha um esforço intelectual é escrupulosamente evitada (Adorno, 1985: 128).

Enraizada numa sociedade violentamente consumista, que sempre pede o novo para rapidamente torná-lo ultrapassado, a pura diversão é uma tendência própria da indústria do entretenimento e "é o prolongamento do trabalho (...) Ela é procurada por quem quer escapar ao processo de trabalho mecanizado, para se pôr de novo em condições de enfrentá-lo" (Adorno, 1985: 128).

Na concepção de Adorno, que difere da que encontramos em Hampâté Bâ e na grande maioria dos contadores:

> Divertir significa sempre: não ter que pensar nisso, esquecer o sofrimento até mesmo onde ele é mostrado (...) é na verdade uma fuga, mas não (...) uma fuga da realidade ruim, mas da última resistência que essa realidade ainda deixa subsistir (1985: 135).

Realmente, o homem contemporâneo nada tem em comum com aquele dos serões de contos de antigamente. Assim, não há dúvidas de que, como qualquer outra forma de expressão, na cultura massificada alguns poderão adornar essa "palavra" de forma tão avassaladora, para atrair um público maior, que ela será desfigurada – ainda que, como podemos constatar pelo depoimento da grande maioria dos contadores de histórias, ela não tenha necessidade de nenhum "adorno" suplementar.

O segundo item que gostaríamos de sublinhar encontra-se dentro dos muros da escola, onde os saberes se constituem pela didatização ou pela pedagogização de conhecimentos e práticas culturais.

Na escola, a tentação a transformar qualquer linguagem ou qualquer forma de expressão em algo que seja útil aos seus objetivos, leva à escolarização também da "palavra" do contador de histórias, colocando em risco sua possível dimensão educativa.

Magda Soares chama a atenção para as conotações positiva e negativa do termo *escolarizado/escolarização*. A conotação é positiva quando dizemos, por exemplo, "escolarização da criança", mas negativa nas expressões adjetivadas como "conhecimento escolarizado", "arte escolarizada", e dizemos "palavra do contador escolarizada".

Como lembra Magda Soares, é próprio da escola escolarizar, mas é importante reconhecer uma escolarização inadequada. Ao falar da literatura, com a qual podemos estabelecer um paralelo com a palavra do contador, ela diz:

> O que se pode criticar, o que se deve negar *não* é a escolarização da literatura, mas a inadequada, a errônea, a imprópria escolarização da literatura, que se traduz em sua deturpação, falsificação, distorção, como resultado de uma pedagogização ou uma didatização mal compreendidas que, ao transformar o literário em escolar, desfigura-o, desvirtua-o, falseia-o (é preciso lembrar que essa escolarização inadequada pode ocorrer não só com a literatura, mas também com outros conhecimentos, quando transformados em saberes escolares) (1999: 22).

Quanto à definição de quem é o contador de histórias, ela se fez naturalmente.

Para iniciar esse estudo teríamos que partir de um critério que nos levasse ao que até então poderíamos supor fosse a principal característica do contador de história, e esta foi: seu repertório, que seria então formado pelos contos ficcionais de tradição oral.

À medida que recolhíamos as idéias dos contadores de histórias sobre a questão, tornava-se claro que o critério para definir o contador de histórias contemporâneo, considerado o legítimo descendente do contador de histórias tradicional, está mesmo na forma como ele constrói seu texto: junto de seus ouvintes, na situação de *performance* própria do estilo oral em que, ao contrário do teatro, a presença do diretor de cena é dispensável.

Esse critério, naturalmente, faz pressupor que, além dos contos ficcionais de tradição oral, seu repertório pode incluir também os causos, as piadas, as anedotas.

Também faz parte de sua arte a utilização da música, de malabarismos, de algum recurso além da voz e dos gestos, sem que sua arte seja descaracterizada.

O que propomos é que haja uma tipificação dos contadores em relação ao repertório:

- Contadores de histórias da tradição oral ou simplesmente contadores de histórias: seu repertório são os contos de tradição oral, como definimos na introdução.
- Contadores de causos: seu repertório são os causos. Para Pimentel:

> A distinção entre o conto popular e o causo está em que neste o narrador participa da narrativa como personagem ou testemunha preocupado em dar-lhe cunho de verdade, por mais fantástica e inacreditável que pareça. No conto tudo é ficção. Os personagens quase sempre não possuem nomes próprios – são o rapaz, a mãe, o pai, o irmão (...) os causos preocupam-se com a realidade objetiva, factual, imediata (1995: 21).

- Contadores de piadas e anedotas: seu repertório são piadas ou anedotas, que poderiam ser consideradas também causos, ou os dois. Segundo Matos e Sorsy[1]:

> [A anedota] pode também ser considerada uma narrativa curta de um fato real e individual não necessariamente engraçado (...). [A piada tem o riso] como finalidade última. O protagonista em geral é um desadaptado – um bêbado, um louco, um simplório, um avarento ou um sábio que se faz passar por um idiota (...).
>
> Sua característica é a imprevisibilidade do desfecho, com atitudes inesperadas dos personagens. Constituindo uma sátira anônima, esses gêneros revelam o espírito coletivo.

[1] MATOS, Gislayne Avelar e SORSY, Inno, 2005, p. 120.

Portanto, excluiríamos da classificação "contadores de histórias" os outros artistas da palavra cujo texto não é construído na cena da *performance*.

Eles seriam os "narradores" de textos literários (estamos usando o termo *narrador* para diferenciá-lo do contador de histórias) e os atores que teatralizam seu texto, ainda que esse texto seja um conto de tradição oral.

No que tange aos contadores de histórias, temos a dizer que compor um *corpus* que incluísse, além dos nossos colaboradores, representantes de diferentes culturas foi uma opção acertada. Isso nos possibilitou a constatação da sincronicidade entre todos eles, que foi se tornando mais e mais evidente à medida que o trabalho avançava.

A esse respeito temos que sublinhar até mesmo a semelhança entre os contadores e as contadoras, de "lá" e "daqui".

A propósito dos contadores de lá, Bernadette Bricout observa:

> É surpreendente constatar, guardando-se de generalizações apressadas, que, se o conto aparece, nas respostas masculinas, como um instrumento de integração à comunidade, as mulheres se mostram mais sensíveis a qualquer coisa da ordem de uma recepção íntima, mesmo secreta, do conto. Este é definido por elas, antes de tudo, como um instrumento de exploração interior, de conhecimento de si mesmas (2001: 34).

Essa mesma observação é pertinente aos nossos colaboradores.

Quanto à dimensão educativa de sua palavra, fica claro que ela está relacionada à educação no âmbito da formação do indivíduo e que deve se dar em todos os espaços sociais e não apenas na escola. No entanto, como muitas escolas começam a interessar-se por essa "palavra", valem aqui algumas observações.

Rui Canário[2] comenta que a escola erigiu, historicamente, como requisito prévio da aprendizagem, a transformação das crianças e dos jovens em alunos. Construir a escola do futuro, diz ele:

> (...) supõe a adoção do procedimento inverso: transformar os alunos em pessoas. Só nessas condições a escola poderá assumir-se para todos, como um lugar de hospitalidade.

Ao referir-se à escola do futuro como um lugar de hospitalidade para todos, naturalmente o autor nos remete à necessidade de pontuarmos a diferença entre formação e informação no processo educativo e seus efeitos.

Se, por um lado — e respaldando-nos na Teoria da Reprodução de Bourdieu[3], que irá apontar a escola, que é conservadora, como reprodutora das desigualdades sociais —, podemos afirmar que a informação é mais um dos elementos que podem aumentar a distância entre as classes sociais, marcando fundo as diferenças, por outro lado, podemos igualmente afirmar que a formação, ao contrário, as aproxima e abole as diferenças entre os homens. Por meio dela, os homens de culturas, classes sociais e gerações distintas tornam-se conscientes de um destino comum a toda a humanidade. Além do mais, a informação sem a formação pode resultar em ações que menosprezam a ética e o bem comum.

A escola, sendo também um espaço de formação, terá na "palavra" do contador uma fonte inesgotável.

O Relatório Delors[4] estabeleceu quatro pilares da educação contemporânea: aprender a ser, a fazer, a viver jun-

---

[2] *Folha de S.Paulo*, 29 jul. 2003, Suplemento: Sinapse, n.º 13.

[3] Conferir BOURDIEU, Pierre, *A escola conservadora: as desigualdades frente à escola e à cultura*. Trad. Aparecida Joly Gouveia, 1970; e 1999, capítulos III, IV, V, VI.

[4] "Em 1998, as Edições Unesco Brasil editou *Educação: um tesouro a descobrir. Relatório da Comissão Internacional sobre a Educação para o século XXI*,

tos e a conhecer. Segundo o relatório, essas constituem as aprendizagens indispensáveis que devem ser perseguidas de forma permanente pela política educacional em todos os países.

Objetivando aprofundar essa visão transdisciplinar da educação, a Unesco solicitou a Edgar Morin que expusesse suas idéias sobre a educação do amanhã. Ele as expôs como *Os sete saberes necessários à educação do futuro*. Entre esses sete saberes estão ensinar a condição humana, ensinar a identidade terrena, ensinar a compreensão mútua, ensinar a ética do gênero humano.

Nas sociedades de tradição oral, a "palavra" do contador de histórias foi o meio para a transmissão desses saberes. Lançar mão novamente desse meio é reconhecer que não precisamos partir sempre do marco zero. É avançar, calcando-nos numa experiência de nossos ancestrais, comprovadamente eficaz na dimensão formativa da educação.

Reunir as possibilidades que a ampliação de consciência nos proporcionou na cultura escrita e os conhecimentos que nos foram legados desde a cultura oral para construir novas bases para a educação formativa é recusar-se à barbárie, é escolher tecer com fios novos num antigo tear uma trama que seleciona o melhor de cada cultura.

À guisa de finalização, queremos assinalar que a oportunidade de realizarmos este trabalho no núcleo de pesquisa Educação e Linguagem e na linha Espaços Educativos: produção e apropriação de conhecimento abriu-nos portas que nos permitiram colocar em pauta um objeto que merece ser pesquisado a fundo na área da educação. Aproximando-nos

> coordenado por Jacques Delors. As teses desse importante documento não somente foram acolhidas com entusiasmo pela comunidade educacional brasileira como também passaram a integrar os eixos norteadores da política educacional." (Apresentação de Jorge Werthein, representante da Unesco no Brasil, para o livro de Edgar Morin: *Os sete saberes necessários à educação do futuro*.)

do "ponto final", sentimos que muito há a dizer. A sensação é de que este trabalho foi apenas um começo.

Dessa forma, suas lacunas, suas possibilidades inexploradas aqui, as críticas merecidas e as discordâncias enriquecedoras nos trabalhos acadêmicos serão motivo para incrementar uma reflexão fecunda sobre o tema.

Anexos

Anexo A

Amadou Hampâté Bâ

Em artigo da *Folha de S.Paulo* de 24 de maio de 2003, "Imagem distorcida da África precisa mudar no Brasil", o professor Paulo Daniel Farah, da Faculdade de Filosofia, Letras e Ciências Humanas da USP, cita o professor malinês Saddo Ag Almounloud, que diz: "Há guerras, fome e subdesenvolvimento na África, mas há outro aspecto rico, que nem sempre é mostrado (...) muitos alunos se formam na escola sem saber quase nada sobre a África."

Sonia Queiroz, em *Pé preto no barro branco – A língua dos negros da Tabatinga*, diz:

> Introduzido no Brasil durante mais de três séculos pelo tráfico escravo, por muito tempo o negro africano constituiu, com seus descendentes, alta percentagem da população do país, tendo sido um dos elementos mais ativos na formação da cultura brasileira. Apesar disso, nem sempre mereceu a devida atenção

de nossos antropólogos, historiadores, lingüistas, enfim, daqueles que, direta ou indiretamente, se ocupam em definir nossa cultura. Assim, é comum entre nós a mentalidade assimilacionista, que privilegia a tradição européia e relega nossos índios e negros ao plano das simples influências (1998: 17).

Concordando *in totum* com ambos, sinto-me muito honrada de apresentar neste trabalho um interlocutor ímpar como é Amadou Hampâté Bâ.

Amadou Hampâté Bâ ainda é pouco conhecido no Brasil. Lamentavelmente, à exceção talvez dos antropólogos, etnólogos e africanistas, no nosso país não parece haver muito espaço para discutir os pensadores africanos. No entanto, o conhecimento mais acurado de sua cultura, cujos pontos de convergência com a nossa não são poucos, talvez pudesse até mesmo contribuir para a construção de uma escola de pensamento "à brasileira". A tomar por base esse grande pensador, podemos estar certos de que essa seria uma fonte considerável.

Em um de seus discursos na Unesco, a propósito da aceitação indiscriminada dos costumes estrangeiros e do risco de abdicar-se dos próprios valores em prol dos valores importados, Hampâté Bâ dizia:

> Um país pode muito bem importar plantas estrangeiras e adaptá-las em seu solo, se isso for possível. É até mesmo um dever fazer tudo para melhorar sua terra para que ela possa produzir muitas plantas e bons frutos. O perigo é querer abrir mão de sua terra para colocar outra no seu lugar; é querer por exemplo levar uma terra nórdica para a África, para cultivar o milho. É muito provável que daí nada de muito nutritivo poderá sair.
> Reencontremos nossa terra, ela nos alimentará! E talvez possa até mesmo oferecer seus frutos saborosos às outras nações, onde os frutos perderam o sabor. Reencontremos nossa personalidade africana própria, e talvez possamos assim estender ao amigo estrangeiro não mais a mão de um mendigo, mas a mão de um irmão.

Amadou Hampâté Bâ foi historiador, escritor, poeta, pensador e contador de histórias. Nasceu em Bandiagara, aos pés das falésias do país dogon, e morreu em 15 de maio de 1991, em Abidjan. Nomeado, em 1962, membro do Conselho Executivo da Unesco, estabeleceu como meta apresentar aos europeus a tradição africana como cultura. Tarefa difícil, segundo ele, pois "na tradição ocidental convencionou-se de uma vez por todas que onde não há escrita não há cultura". A primeira vez que propôs levar em conta as tradições orais como fontes históricas de cultura, provocou o riso, e alguns perguntaram com ironia que proveito a Europa poderia tirar das tradições africanas, ao que respondeu: "A alegria que vocês perderam." Comentando esse fato muito mais tarde, ele disse: "Hoje, talvez pudéssemos ajuntar: uma certa dimensão humana, que a civilização tecnológica moderna está em vias de fazer desaparecer." Sua frase célebre: "Na África, quando um velho tradicionalista morre, é uma biblioteca inexplorada que queima" é lembrada por todos os que pesquisam as tradições orais.

Os africanistas e orientalistas Marcel Griaule, Germaine Dieterlen e Louis Massignon reconheciam em Amadou Hampâté Bâ uma autoridade em tradição oral e eram ligados a ele por laços de uma sólida amizade.

Delegamos a Amadou Hampâté Bâ um lugar de destaque como interlocutor neste trabalho por ter sido o pensador que foi, assim como por ser um representante de peso de uma das culturas que mais conservaram seu conhecimento tradicional e que maior resistência mostraram em assimilar a educação e os valores ocidentais. O significado que tem esse grande homem para a comunidade dos contadores de histórias (que, fora do Brasil, invariavelmente conhecem seu trabalho) deve equivaler-se ao de um grande teórico para os pensadores acadêmicos.

Anexo B

Contadores estrangeiros citados neste estudo (país de origem e cidades onde contam atualmente)

Abbi Patrix	França (Paris)
Ben Haggerty	Inglaterra (Londres)
Bruno de La Salle	França (Chartres)
Camille Bierens de Haan	França (Marselha)
Catherine Zarcate	França (Paris)
Cécile Gagnon	Canadá (Toronto)
Charlie Eldin	França (Yvelines)
Christian Viallon	França (Orleans-la-Source)
Dan Yashinsky	Canadá (Toronto)
Daniel L'Homond	França (Dordogne)
Daniel Simon	Bélgica (Bruxelas)
Edith Montelle	Suíça (Doubs et Suisse)
Fabienne Thiery	França (Paris)

Hamed Bouzzine	Marrocos
Hélène Vermeulin	França (Hauts-de-Seine)
Henri Cazaux	França (Hérault)
Henri Gougaud	França (Paris)
Inno Sorsy	Gana (Londres)
Jamel Eddine Bencheikh	Tunísia (Túnis)
Jean Bourdin	França (Rennes)
Jean-Louis Ramel	França (Vaucluse)
Jude Le Paboul	França (Morbiran)
Luis Pepito Mateo	França (Paris)
Manfei Obin	Costa do Marfim (Paris)
Marylin Peringer	Canadá (Toronto)
Michel Hindenoch	França (Chartres)
Michèle Barthelemy-Armand	Haiti (Paris)
Michèle Coulet	França (Paris)
Nicole Vibert	França (Seine-et-Marne)
Oger Kabone	Burkina Fasso (Ouagadougou)
Pascal Fauliot	França (Val de Marne)
Praline Gay-Para	Líbano (Paris)
Rémi Guillaumeau	França (Saône-et-Loire)
Richard Abecera	França (Paris)
Suzana Azquinezer	Argentina (Rennes)
Yannick Jaulin	França (Poitou)

Anexo C

Roberto Carlos Ramos

No início dos anos 1990, como consultor da BPIJBH, o educador Roberto Carlos Ramos começou formalmente sua profissão de "contador de histórias", ofício que de fato nunca lhe fora estranho. Atualmente tem dois livros publicados: *Marambaia*, pela editora Dimensão, Belo Horizonte, 1997, e *Book When the Night is Dark in Brazil*, pela Limited Edition, EUA, 1999. Produziu também um CD: *O contador de histórias*, 1999; duas fitas de vídeo: *O contador de histórias* e *Roberto Carlos Ramos. 131 fugas – história de vida*; e um CD-rom + CD áudio: *O contador de histórias*.

Com 23 palestras e conferências proferidas sobre temas relacionados a contos e contadores de histórias; várias oficinas ministradas; 9 homenagens recebidas no Estado de Minas Gerais e fora dele; membro da Associação Internacional de Contadores de Histórias e Valorização da Expressão Oral de Marselha – França; premiado com o "Oscar" dos contadores de histórias nos Estados Unidos, o Story Fest, Roberto Carlos é sem dúvida um dos mais reconhecidos contadores de histórias da atualidade, não apenas por seus pares mas por todos os que assistem a ele. Apresentando-se em espaços os mais diversos, de escolas públicas e privadas a universidades e creches, de asilos a hospitais, de fábricas a empresas, de praças a teatros, ele sem dúvida está entre os contadores de maior expressão da contemporaneidade, não apenas em Belo Horizonte, mas em todo o país e fora dele.

Roberto de Freitas

Iniciou formação de ator na década de 1980, mas o contador logo tomou o espaço do ator, e ele passou a dedicar-se à arte do conto. Em 1996 ficou em 3º lugar no Concurso de Contadores de Histórias da BPIJBH. Em 1997 foi o vencedor do concurso. Seu espaço de atuação estende-se desde a BPIJBH, onde fez parte do grupo Tudo era uma vez, em 1996 e 1997, até os teatros da cidade: Teatro da Maçonaria, Teatro Santo Agostinho, Teatro Pio XII, Sala Juvenal Dias do Palácio das Artes, Teatro do Tribunal de Justiça de Minas Gerais, passando por bares e por inúmeras escolas das redes pública e privada de Belo Horizonte e do interior de Minas Gerais, como Araçuaí, Uberlândia, Divinópolis, Coronel Fabriciano, João Monlevade, Anápolis, Muriaé, Pedro Leopoldo etc.

É criador e coordenador do projeto Domingo Pede Cachimbo – Uma Manhã de Histórias.

Ministrou várias oficinas em escolas, festivais, secretarias de educação e bibliotecas, entre elas: "A expressão na contação para contadores de histórias", "Oficina de reconto" e "Oficina para educadores".

Rosana Montalverne Neto

Em 1995 participou do Ateliê de Contos, no Festival de Inverno de Ouro Preto. A partir daí os contos "invadiram sua vida". Após amealhar três anos de experiência contando histórias em escolas, congressos, empresas, festas e teatros, idealizou o projeto "Conto sete em ponto" no Tribunal de Justiça do Estado de Minas Gerais, que estreou em 1998. Há seis anos esse projeto vem reunindo sempre na terceira quinta-feira de cada mês mais de quatrocentas pessoas em torno dos contadores de histórias. No Tribunal de Justiça, o projeto integrou juízes, funcionários e comunidade, revelando a face mais humanizada da instituição, além de proporcionar momentos de lazer, descontração e aprendizagem. Por tudo isso o projeto obteve, no ano de 2001, menção honrosa no Prêmio Nacional de Criatividade Aplicada e já faz parte do calendário cultural de Belo Horizonte.

Walkíria Angélica Passos Garcia

Iniciou-se na arte de contar histórias quando era professora de uma classe de 1ª. série com vários anos de repetência, na E. M. José Diogo. Montou uma minibiblioteca e todos os dias lia ou contava uma história. O resultado foi tão bom que nunca mais abandonou essa prática. Em 1995, trabalhando na Biblioteca da E. M. Francisco M. Gomes, criou três personagens: Alice, Pedro Malazartes e a Bruxa Benigna Reviravolta, que contavam histórias e brincavam com os alunos. Em 1996 participou como contadora de histórias no projeto Leia Brasil, patrocinado pela Petrobras. Nos anos seguintes teve a mesma atuação em outras escolas da rede pública. Num encontro de professores promovido pelo Departamento de Educação da Rede Pampulha, foi convidada a relatar essa experiência. A partir daí, começou a ministrar oficinas para professores de escolas públicas e creches da PMBH. Os convites para apresentação em parques, aniversários, praças, *shoppings*, livrarias, editoras, feiras de livro, escolas particulares não pararam mais. Buscou formações para o auto-aperfeiçoamento e hoje faz dessa a sua principal profissão. Oitenta por cento de suas apresentações são direcionadas ao público infanto-juvenil, com o qual tem maior identificação, mas apresenta-se também para o público adulto.

Referências bibliográficas

ABECERA, Richard. "Le médium du conte, c'est la parole". In: *Le renouveau du conte*. Paris: CNRS, 2001.

ADORNO, Theodor W. e HORKHEIMER, Max. *Dialética do esclarecimento: fragmentos filosóficos*. Trad. Guido Antonio de Almeida. Rio de Janeiro: Jorge Zahar, 1985.

ARENDT, Hannah. *Entre o passado e o futuro*. São Paulo: Perspectiva, 1972.

AZQUINEZER, Susana. "Entre mémoire et création". In: *Le renouveau du conte*. Paris: CNRS, 2001.

BAKHTIN, Mikhail. *Marxismo e filosofia da linguagem*. São Paulo: Hucitec, 1979, 182 pp.

BARTHELEMY, Mimi. "Le conte, mode d'expression artistique au service de l'identité culturelle". In: *Le renouveau du conte*. Paris: CNRS, 2001.

BEAUTÉ, Jean. *Les courants de la pédagogie contemporaine*. 3.ª ed. Lyon, France: Chronique Sociale, 1997.

BENCHEIKH, Jamel Eddine. "L'aveugle au visage de grêle". *Dire*, Paris, n.º 9, 1989, pp. 14-28.

BENJAMIN, Walter. "O narrador". In: *Os pensadores*. Textos escolhidos/Walter Benjamin, Max Horkheimer, Theodor W. Adorno, Jürgen Habermas. Trad. José Lino Grünnewald... [et al.]. 2ª ed. São Paulo: Abril Cultural, 1983, 343 pp.

———. "Expérience et pauvreté". In: *Œuvres II*. Trad. Pierre Rusch. Paris: Gallimard, 2000.

BIERENS DE HAAN, Camille. "La voix: instrument, langage, message". In: *Le renouveau du conte*. Paris: CNRS, 2001.

BERNARD, Charlot. *Da relação com o saber: elementos para uma teoria*. Porto Alegre: Artes Médicas Sul, 2000, 93 pp.

BOURDIEU, Pierre. *Escritos de educação*. 2ª ed. Org. M. A. Nogueira e A. Catani. Petrópolis: Vozes, 1999, 251 pp.

BOURDIN, Jean. "Les contes, les conteurs et les média" (résumé). In: *Le renouveau du conte*. Paris: CNRS, 2001.

BOUZINNE, Hamed. "Hamed Bouzinne: L'homme-légende". *Dire*, Paris, nº 2, 1987, pp. 31-4.

BRICOUT, Bernadette. "Les rois mages". In: *Le renouveau du conte*. Paris: CNRS, 2001.

CALAME-GRIAULE, Geneviève. "La parole du conte chez les dogon". In: *Art et Thérapie*, Paris, nºˢ 36/37, pp. 17-26.

———. "Le renouveau du conte". In: *Le renouveau du conte*. Paris: CNRS, 2001, 449 pp.

———. "Le style oral des conteurs traditionnels: Un exemple nigérien". In: *Le renouveau du conte*. Paris: CNRS, 2001.

CALVET, Louis-Jean. *La tradition orale*. Paris: Presses Universitaires de France, 1984, col "Que sais-je?". 125 pp.

CAMILLERI, C. *Anthropologie culturelle et éducation*. Paris: Unesco; Lausane: Delachaux Niestlé, 1985.

CANÁRIO, Rui. "O futuro da escola: doze educadores e pensadores brasileiros e estrangeiros refletem sobre os caminhos que o ensino seguirá nas próximas décadas". *Folha de S. Paulo*, São Paulo, 29 jul. 2003. Suplemento: Sinapse, pp. 10-9.

CANNAROZZI, Sam. "Les style non-écrit et l'oralité". In: *Le renouveaux du conte*. Paris: CNRS, 2001.

CARNEIRO, Natália Martins. *A dança no processo formativo do educando: elementos para um entendimento da dança na/da escola*, 2003, pp. 135 ss. Dissertação (Mestrado em Conhecimento e Inclusão Social). Faculdade de Educação da Universidade Federal de Minas Gerais, Belo Horizonte.

CARPENTER, Edmund e McLUHAN, Marshall (orgs.). "Espaço acústico". In: *Revolução na comunicação*. Trad. Álvaro Cabral. 3.ª ed. Rio de Janeiro: Zahar, 1974.

CASCUDO, Luís da Câmara. *Contos tradicionais do Brasil*. São Paulo: Edusp, 1986, 316 pp.

CASSIRER, Ernest. *Linguagem e mito*. Trad. J. Guinsburg e Mirian Schnaiderman. 4.ª ed. São Paulo: Perspectiva, 2000, 127 pp.

———. *Ensaio sobre o homem: introdução a uma filosofia da cultura humana*. São Paulo: Martins Fontes, 2001, 391 pp.

COOMARASWAMY, A. K. *La philosophie chrétienne et orientale de l'art*. Puisseaux: Pardès, 1990, 153 pp.

COULET, Michèle. "La relation écrit oral". In: *Le renouveau du conte*. Paris: CNRS, 2001.

DIMENSTEIN, Gilberto. "O futuro da escola: doze educadores e pensadores brasileiros e estrangeiros refletem sobre os caminhos que o ensino seguirá nas próximas décadas". *Folha de S.Paulo*, São Paulo, 29 jul. 2003. Suplemento: Sinapse, pp. 10-9.

EDLIN, Charlie. "Le conte biblique". In: *Le renouveau du conte*. Paris: CNRS, 2001.

ELIADE, Mircea. *Mito e realidade*. Trad. Pola Civelli. São Paulo: Perspectiva, 2000, 179 pp.

———. *Le sacré et le profane*. Paris: Gallimard, 1965. Trad. bras. *O sagrado e o profano*. São Paulo: Martins Fontes, 2001, 191 pp.

FARAH, Paulo David. "Imagem distorcida da África precisa mudar no Brasil". *Folha de S.Paulo*, São Paulo, 24 maio 2003, Caderno A.

FARES, Josse e NEVES, Paulo. "Abre-te Sésamo! Ou por uma poética da oralidade". In: MARTINS, A. A., BRANDÃO, H. M. B., MACHADO, M. Z. V. (orgs.). *A escolarização da leitura literária.* Belo Horizonte: Autêntica, 1999.

FAULIOT, Pascal. "Les contes zen". In: *Le renouveau du conte.* Paris: CNRS, 2001.

FORQUIN, Jean-Claude. *Escola e cultura: as bases sociais e epistemológicas do conhecimento escolar.* Trad. Guacira Lopes Louro. Porto Alegre: Artes Médicas, 1993, 205 pp.

FRANÇA, Júnia Lessa. *Manual para normalização de publicações técnico-científicas.* Colaboração Ana Cristina de Vasconcellos, Maria Helena de Andrade Magalhães, Stella Maris Borges. 5ª ed. Belo Horizonte: Ed. da UFMG, 2001.

GAGNEBIN, Jeanne Marie. *História e narração em Walter Benjamin.* 2ª ed. São Paulo: Perspectiva, 1999.

GARCIA-ROZA, Luiz Alfredo. *Palavra e verdade: na filosofia antiga e na psicanálise.* 4ª ed. Rio de Janeiro: Zahar, 2001, 104 pp.

GAY-PARA, Praline. "Le repertoire du conteur". In: *Le renouveau du conte.* Paris: CNRS, 2001.

GENARDIERE, Claude de La. "Le travail psychique du conte". In: *Le renouveau du conte.* Paris: CNRS, 2001.

—— e VERMEULIN, Hélène. "Aspect relationnel". In: *Le renouveau du conte.* Paris: CNRS, 2001.

GOUGAUD, Henri. "Peut-on grandir sans les contes?" *Enfant d'Abord*, Paris, nº 152, nov./dez. 1991, pp. 22-5.

GRIPARI, Pierre. "Une écriture contemporaine du conte". Extraído do *L'autre journal*. Entrevista concedida à Michel Turnier, nov. 1985. *Dire*, nº 1, 1987, pp. 3-6.

GUGLIERO, Françoise. *L'Initiation féminine.* Paris: Friant, 1982.

GUILLAUMOT, Rémi. "Conte et identité". In: *Le renouveau du conte.* Paris: CNRS, 2001.

GUINGUAND, Maurice. *L'Ésotérisme des contes de fées.* Paris: Robert Laffont, 1982.

HAGGERTY, Ben. "Formes du renouveau en Angleterre". In: *Le renouveau du conte*. Paris: CNRS, 2001.

HAMPÂTÉ BÂ, Amadou. "La tradition vivante", In: *Histoire générale de l'Afrique*. Paris: Jeune Afrique/Unesco, 1981, t. I.

——. "Paroles du Neddo: L'Homme véritable". *Dire*, Paris, n°. 17, 1993, pp. 12-7.

——. *Petit Bodiel et autres contes de la savane*. Paris: Stock, 1994(a), 260 pp.

——. *Contes initiatiques Pels*. Paris: Stock, 1994(b), 396 pp.

HAVELOCK, Erick. "A equação Oralidade–Cultura Escrita: uma fórmula para a mente moderna". In: OLSON, D. R. e TORRANCE, N. (orgs.). *Cultura escrita e oralidade*. Trad. Walter Lellis Siqueira. São Paulo: Ática, 1995.

HELD, Jacqueline. "Réflexions autour du conte". *Livres jeunes aujourd'hui*, Paris, n°. 8, set./out. 1979, pp. 359-65.

HINDENOCH, Michel. "Raconter aux tout petits". *Dire*, Paris, n°. 2, 1987, pp. 42-4.

——. "L'art du conte". In: Paris. *Le renouveau du conte*. Paris: CNRS, 2001.

JAPIASSU, Hilton (org.). *Paul Ricoeur: interpretação e ideologias*. Rio de Janeiro: Francisco Alves, 1977.

JAULIN, Yannick. "Portrait/Yannick Jaulin, conteur poitevin". *Dire*, Paris, n° 3, 1987, pp. 7-11.

JEAN, Georges. *Pour une pédagogie de l'imaginaire*. Tounai, Bélgica: Casterman, 1991, 131 pp.

JOUSSE, Marcel. *L'anthropologie du geste*. Paris: Gallimard, 1974.

KABONE, Oger. "Les contes de Larhalle Naba, une œuvre d'identification spirituelle". In: *Le renouveau du conte*. Paris: CNRS, 2001.

L'HOMOND, Daniel. "Le conte d'aujourd'hui" (résumé). In: *Le renouveau du conte*. Paris: CNRS, 2001.

LA SALLE, Bruno de. "Peut-on grandir sans les contes?" *Enfants d'Abord*, Paris, n°. 152, nov./dez. 1991, pp. 22-5.

LAFFORGUE, Pierre. "Le conte et sa fonction organisatrice". *Dire*, Paris, 1988, pp. 21-4.
LE PABOUL, Jude. "Transmission et évolution du répertoire breton". In: *Le renouveau du conte*. Paris: CNRS, 2001.
LINDENFELD, Marc. "Regard d'un psychanalyste-conteur sur une pratique". Entrevista concedida à Louis Venet. *Dire*, Paris, n° 5, 1988, pp. 33-5.
LOISEAU, Sylvie. *Les pouvoirs du conte*. Paris: Presses Universitaires de France, 1992, 172 pp.
MARIOTTI, Martine. "Le conte, un savoir dire". In: *Le renouveau du conte*. Paris: CNRS, 2001.
MARROU, Henri I. *Histoire de l'éducation dans l'antiquité*. Paris: Seuil, 1948 (reed. 1981).
MATOS, Gislayne e SORSY, Inno. *O ofício do contador de histórias*. São Paulo: Martins Fontes, 2005.
MATURANA, Humberto. *Emoções e linguagem na educação e na política*. Trad. José Fernando Campos Forte. Belo Horizonte: UFMG, 2002, 98 pp.
MEIHY, José Carlos Sebe Bom. *Manual de história oral*. 3ª ed. São Paulo: Loyola, 1996.
MONGIN, Olivier. *Paul Ricoeur: as fronteiras da filosofia*. Lisboa: Instituto Piaget, 1997, 243 pp.
MORIN, Edgar. *Os sete saberes necessários à educação do futuro*. Trad. Catarina Eleonora F. da Silva e Jeanne Sawaya. 5ª ed. São Paulo: Cortez; Brasília, DF: Unesco, 2002.
MORTELLE, Edith. "De la recherche du conte à son écriture. Pourquoi? Pour qui écrire un conte". In: *Le renouveau du conte*. Paris: CNRS, 2001.
MURET, Marc. *Les arts-thérapies*. Paris: Retz, 1983, 191 pp.
N'DAK, Pierre. *Le conte africain et l'éducation*. Paris: L'Harmattan, 1984, 394 pp.
OLSON, David R. "Cultura escrita e objetividade: o surgimento da ciência moderna". In: OLSON, D. R. e TORRANCE, N. (orgs.). *Cultura escrita e oralidade*. Trad. Walter Lellis Siqueira. São Paulo: Ática, 1995.

ONG, Walter. *Oralidade e cultura escrita*. Campinas: Papirus, 1998, 223 pp.

ORNSTEIN, Robert. *A mente certa*. Trad. Ana Beatriz Rodrigues e Priscilla Martins Celeste. Rio de Janeiro: Campus, 1998, 195 pp.

PALMA, Milagros. "Le conte comme parole mythique chez les Macunas de l'Amazonie". In: *Le renouveau du conte*. Paris: CNRS, 2001.

PATRIX, Abbi. "Spectacle. La guerre des corbeaux et des hiboux". Entrevista concedida à Olivier Poubelle. *Dire*, Paris, n° 1, 1987, pp. 20-2.

PEJU, Pierre. "Déclin du conte, puissance du récit". *Lire au collège*. Paris, n°s 25-6, jun. 1990, pp. 10-2.

PELEN, Jean-Noël. "Du conte traditionel au néocontage". In: *Le renouveau du conte*. Paris: CNRS, 2001.

PERRENOUD, Philippe. "O futuro da escola: doze educadores e pensadores brasileiros e estrangeiros refletem sobre os caminhos que o ensino seguirá nas próximas décadas". *Folha de S.Paulo*, São Paulo, 29 jul. 2003. Suplemento: Sinapse, pp. 10-9.

PIMENTEL, Altimar de A. *Estórias do diabo: o diabo na criação popular*. Brasília: Thesaurus, 1995.

PLATIEL, Suzy. "Le conte, un plaisir, un modèle, un outil". In: *Le renouveau du conte*. Paris: CNRS, 2001.

QUEIROZ, Sonia. "A voz de Paul Zumthor". *Suplemento*, Belo Horizonte, n° 43, nov. 1998, pp. 18-21.

──. *Pé preto no barro branco – A língua dos negros da Tabatinga*. Belo Horizonte: UFMG, 1998.

RAMEL, Jean-Louis. "De l'écoute à la transmission: Réflexion d'un collecteur-conteur". In: *Le renouveau du conte*. Paris: CNRS, 2001.

RICOEUR, Paul. *Temps et récit: la configuration dans le récit de fiction*. Paris: Éditions du Seuil, 1984, t. II, 298 pp.

ROBERT, Paul. *Le Nouveau Petit Robert: Dictionnaire Alphabétique et Analogique de la Langue Française*. Paris: Dictionnaires Le Robert, 2002.

ROCHETERIE, Jacques de La. *La symbologie des rêves*. Paris: Imago, 1986.

ROUSSEAU, René-Lucien. *L'envers des contes*. Saint-Jean-de-Braye, France: Dangles, 1988.

SACRISTÁN, J. Gimeno e PÉREZ GÓMEZ, A. I. *Compreender e transformar o ensino*. Trad. Ernani F. da Fonseca Rosa. 4ª ed. Porto Alegre: ArtMed, 1998, 396 pp.

SCHNITZER, Luda. "Le 'merveilleux' du conte et le quotidien". In: *Le renouveau du conte*. Paris: CNRS, 2001.

SCHWARZ, Fernando. *A tradição e as vias do conhecimento*. Lisboa: Nova Acrópole, s.d.

SIMON, Daniel. "Aspect artistique". In: *Le renouveau du conte*. Paris: CNRS, 2001.

SIMONSEN, Michèle. *O conto popular*. São Paulo: Martins Fontes, 1987.

SOARES, Magda. "A escolarização da literatura infantil e juvenil". In: MARTINS, A. A., BRANDÃO, H. M. B., MACHADO, M. Z. V. (orgs.). *A escolarização da leitura literária: o jogo do livro infantil e juvenil*. Belo Horizonte: Autêntica, 1999.

SOUZA, Solange Jobim. "Leitura: entre o mágico e o profano. Os caminhos cruzados de Bakhtin, Benjamin e Calvino". In: FARACO, C. A., TEZZA, C., CASTRO, G. (orgs.). *Diálogos com Bakhtin*. 3ª ed. Curitiba: Editora da UFPR, 1996.

SOW FALL, Aminata. "Nas histórias africanas os anseios da comunidade". *Correio da Unesco*. Rio de Janeiro, n° 8, ano 10, ago. 1982, pp. 23-5.

STORT, Eliana V. R. *Cultura, imaginação e conhecimento: a educação e a formalização da experiência*. Campinas: Unicamp, 1993.

TESSIER, Robert. *Le sacré*. Paris: Éditions du Cerf, 1991.

THIERY, Fabienne. "Du texte à la voix". In: *Le renouveau du conte*. Paris: CNRS, 2001.

VALLÉE, Christophe. "Le conte philosophique ou la fiction du commencement". *Dire*, Paris, n° 2, 1987, pp. 23-6.

VENET, Louis. "Réflexions autour de l'atelier de contes d'un hôpital de jour". *Dire*, Paris, n? 5, 1988, pp. 31-2.
VIALLON, Christian. "Contes et enfants psychotiques". *Dire*, Paris, n? 1, 1987, p. 46.
VIBERT, Nicole. "Aspect artistique". In: *Le renouveau du conte*. Paris: CNRS, 2001.
VINCENT, Gérard. "La parole magistrale". Entrevista concedida à Grégoire Bouillier. *Dire*, Paris, n? 14, 1981, pp. 2-11.
WATZLAWICK, Paul. *Le langage du changement*. Paris: Le Seuil, 1980.
WINNICOT, D.W. *O brincar e a realidade*. Trad. José Otávio de Aguiar Abreu e Vanede Nobre. Rio de Janeiro: Imago, 1975, 203 pp.
YASHINSKY, Dan e PERINGER, Marilyn. "Storytelling Scholl in Toronto". In: *Le renouveau du conte*. Paris: CNRS, 2001.
ZARCATE, Catherine. "Portrait d'une conteuse". *Dire*, Paris, n? 1, 1987, pp. 7-19.
———. "Conte et spiritualité". In: *Le renouveau du conte*. Paris: CNRS, 2001.
ZUMTHOR, Paul. *Introduction à la poésie orale*. Paris: Seuil, 1983, 307 pp.
———. *A letra e a voz: A literatura medieval*. Trad. Ancílio Pinheiro e Jerusa Pires Ferreira. São Paulo: Companhia das Letras, 1993.
———. "Permanência da voz". *O Correio da Unesco*. Rio de Janeiro, out. 1985, pp. 4-8.